Gisela d'Arruda

Umbanda Gira!

PALLAS

Rio de Janeiro, 2015

Copyright© 2010
Gisela d'Arruda

Editoras
Cristina Fernandes Warth
Mariana Warth

Coordenação editorial
Silvia Rebello

Produção editorial
Rafaella Lemos

Revisão
Juliana Latini

Preparação de originais
Eneida D. Gaspar

Projeto gráfico e diagramação de miolo
Aron Balmas

Capa
Luis Saguar e Rose Araujo

Transcrição de partituras
Renato Furtado

(Este livro segue as novas regras do Acordo Ortográfico da Língua Portuguesa.)

Todos os direitos reservados à Pallas Editora e Distribuidora Ltda.
Não é permitida a reprodução por qualquer meio mecânico, eletrônico, xerográfico etc. de parte ou da totalidade do conteúdo e das imagens contidas neste impresso sem a prévia autorização por escrito da editora.

CIP-BRASIL.CATALOGAÇÃO-NA-FONTE
SINDICATO NACIONAL DOS EDITORES DE LIVROS, RJ

D243u
1ª ed.   D'Arruda, Gisela
1ª reimpr.   Umbanda gira! / Gisela d'Arruda. - Rio de Janeiro : Pallas, 2015.
160p.

Inclui bibliografia e índice

ISBN 978-85-347-0340-6

1. Umbanda - Brasil. I. Título.

10-2311.   CDD: 299.672
                                      CDU: 299.6

Pallas Editora e Distribuidora Ltda.
Rua Frederico de Albuquerque, 56 – Higienópolis
CEP 21050-840 – Rio de Janeiro – RJ
Tel./fax: 55 21 2270-0186
www.pallaseditora.com.br
pallas@pallaseditora.com.br

Dia e noite
Seu Fulano tá andando
Noite e dia
Seu Fulano tá andando

Aos meus guias e orixás,
ao misterioso Povo Chinês da umbanda,
a pai Hermogêneo, *in memoriam*,
a pai Jorge de Sá,
que nunca se diz senão umbandista, pelo amor que tem ao culto,
aos católicos, cardecistas, candomblecistas e ateus
dos dois lados de minha extensa família,
e aos amigos igualmente, e a todos os que fazem da umbanda
um caminho pela paz, Umbanda gira!
Além dos meus guias e orixás quero agradecer a Cristina Warth,
pela oportunidade, e ao meu filho Bruno, que forneceu suporte
técnico e material de inestimável valor.
Que Ogum Beira-Mar lhe dê caminho!

Não basta que seja pura e justa a nossa causa;
é preciso que a pureza e a justiça existam dentro de nós.
Poeta moçambicano do FRELIMO, citado por Mia Couto.

Sumário

9 Introdução
11 As origens
31 Santos, médiuns e não médiuns
53 Pontos cantados & pontos riscados
63 Pompas e circunstâncias
71 Cara-Suja, Quaresma e outros momentos
83 As ervas sagradas
93 Os preconceitos, lá e cá
109 Fraquezas e forças
127 O futuro: que futuro?
137 Epílogo

139 **Anexo 1:**
Pautas de pontos cantados

143 **Anexo 2:**
Íntegra da mensagem recebida e encaminhada pelo Movimento Inter-religioso do Rio de Janeiro (MIR) em outubro de 2007

145 **Anexo 3:**
Letra do hino umbandista com o prólogo

147 **Anexo 4:**
Trechos do documento Elos de Axé — Natureza Viva implantado pelo MIR carioca

149 **Anexo 5:**
Sincretismo da língua

151 **Índice remissivo**

155 **Referências**

Introdução

Umbanda gira: pedido de licença no ritual e, também, brincando com as palavras, umbanda em movimento, girando em espiral ao redor do eixo, como a Terra ou os chacras. Umbanda respirando, como a água que corre, renovando-se sempre, como a Lua.

Quando se fala da umbanda, de um modo geral, é recomendável acrescentar as palavras *de um modo geral*. As exceções às regras pululam e não são exceções, a bem dizer. São ingredientes e temperos no modo de fazer o sincretismo e a fusão na terra do sincretismo e da fusão.

Para qualquer afirmação peremptória feita, surgirão dez pessoas para contradizê-la. Isto de forma alguma é inerente à umbanda, ou mesmo ao campo religioso. Quem já não se cansou da polêmica dos médicos quanto à aspirina, dos dentistas quanto aos benefícios e males do flúor, dos psicólogos quanto à eficiência dos florais? Para ficar no campo da saúde, onde não faltam umbandistas e espíritas. Medicina não é uma ciência exata. Religião e magia também não são.

O sincretismo tampouco é uma marca só da umbanda no Brasil. Nem mesmo só da umbanda e de suas irmãs do Norte.

10 umbanda gira!

O próprio candomblé nos moldes afro-brasileiros é sincrético por definição e cada vez mais o é, à medida que incorpora palavras de outra nação[1] ou realiza giras de umbanda no barracão. O sincretismo é inevitável e até bem-vindo num continente e num país que são cadinhos efervescentes de culturas e etnias. A cada uma delas, minha homenagem!

[1] Tome-se por óbvio exemplo a expressão *quitanda* das *iaôs*. O primeiro termo é banto, significando *mercado, feira*. O segundo é iorubá, nagô, e designa as iniciadas na religião.

As origens

Primeira religião autenticamente brasileira?

A definição acima é contestada com toda razão pelo movimento indígena. Religiões muito mais antigas que os cultos afro-brasileiros nasceram no território nacional e algumas ainda estão vivas, apesar dos estragos do contato com o povo da cidade e, hoje, do avanço dos neopentecostais. Entenda-se por *cultos afro-brasileiros* exatamente isso, cultos de base africana nascidos no Brasil. Não se trata de adivinhar quais cultos eram mais antigos, se os dos indígenas no atual território nacional ou se os diversos cultos originais africanos que aqui se interpenetraram; e muito menos de criar rivalidades entre seguidores de todos estes cultos.

Umbandistas mais conscientes costumam então precisar que a definição não trata do território, e sim do Brasil oficial. Mas será?

Parece impossível contestar que se trata de uma *religião autenticamente brasileira*. Entretanto, algumas linhas de umbanda contestam mesmo assim, pondo as origens na Índia ou na Lemúria. Partindo do princípio de que cada um é livre para acreditar no que quiser, respeitaremos aqui o ponto de vista que considera eventuais influências astrais, mas procuraremos nos ater apenas às influências históricas. E estas são brasileiras duplamente, em parte por se terem dado no território nacional, em parte por derivarem, entre outros, dos cultos indígenas anteriormente mencionados.

Alguns umbandistas contestam que seja *uma religião*. Argumentam que religião tem cânones e a umbanda tem fundamentos e preceitos — que, veremos, podem variar, ou não serem conhecidos ou lembrados. Acrescentam às vezes que umbandistas não raro frequentam igreja católica e eventualmente outros locais de culto, o que lhes sugere uma fluidez não consistente com o conceito de religião.

Embora seja incontestável essa fluidez, parece-me que o segundo argumento mede a umbanda com vara diferente de outras religiões. Consideremos por exemplo a profunda ligação entre a maioria dos praticantes do candomblé e a Igreja Católica, pelo menos no aspecto litúrgico e público desta, sem que por isso deixem de ser candomblecistas. E, por sinal, na *santería* cubana, ser batizado na Igreja ainda é obrigatório.

Por outro lado, variações no culto existem noutras religiões, no judaísmo, no islamismo, no budismo, no taoísmo; sem esquecer da Igreja Católica. Tomemos o exemplo da Quaresma: onde há mais espaço e mais amor à tradição ainda se faz a bela fogueira do Sábado de Aleluia, do lado de fora do templo; este amor à tradição não implica, aliás, uma automática posição política conservadora do sacerdote. Ainda se cobrem os santos de roxo, e os sinos emudecem até a meia-noite de sábado. Acaso padres e fiéis de templos que não seguem mais essas e outras tradições deixam de ser considerados católicos? Acaso, por ocorrerem nele variações, o catolicismo deixa de ser religião? É bem verdade que o grau de variações existente dentro da umbanda desafia qualquer tentativa de unificação. Mas qualquer um que tenha visto, num encontro de umbandistas das mais diversas tendências, um salão cheio de gente de branco, cantando de pé — *Refletiu a luz divina em todo o seu esplendor...* —, sorrindo e vibrando de emoção, percebe que existe um forte denominador comum, que talvez a nossa própria mesquinhez humana não alcance, a cercar por todos os lados.

Mas, por fim, se, exaustos, conseguimos definir *brasileira* como *nascida no Brasil-chamado-Brasil*, se aceitamos pelo amor à discussão que seja, sim, uma religião e que as raízes autênticas estejam, sim, no passado recente de vários povos e na sua mescla, ainda devemos interrogar-nos: é mesmo a primeira religião nascida no Brasil brasileiro?

O charuto de folha do pajé

Quando os portugueses invadiram o território indígena — que já estava mais do que descoberto pelos seus habitantes —, quando começaram a trazer para cá as *peças d'África*, puseram em contato as mais variadas religiões. Não é novidade para ninguém que eles não viam isso. Os portugueses mais sinceros e místicos viam cultos diabólicos que a Santa Madre Igreja tinha por dever expurgar; os mais cínicos e práticos, nem isso: importava-lhes um cominho o que passasse pela cabeça do negro ou do índio, contanto que trabalhasse até a morte.

14 umbanda gira!

Também não é — ou não deveria ser — novidade para ninguém que os indígenas falavam e falam idiomas variados e pertencentes a troncos linguísticos muito diferentes. Ainda hoje, falantes de línguas macro-jê, como o fulniô e o krenak, se entendem o bastante para pelo menos comunicar-se apesar da distância entre seus atuais territórios; não entendem porém nem *boa noite* em guarani. E os rituais religiosos, a leitura do universo sagrado não podiam ser idênticos — embora muitos de fora pensem assim. Embora existam elementos comuns perceptíveis em praticamente todos os grupos, como o uso do maracá, a dança em roda ou o uso de plumária no adorno, as cosmologias indígenas variam muito.

Negócio da Índia...

Existe uma grande confusão a respeito da nomenclatura. "Índios" *todos sabem que são os primeiros filhos da terra onde vivemos, e que a apelação deriva de uma confusão dos europeus. Já* "indígenas" *são os habitantes de qualquer terra em relação a quem é de fora. Portanto, os ameríndios de norte a sul são, coincidentemente, também indígenas.*

Muitos integrantes do movimento indígena rejeitam o termo índios, *já que este se deve a um equívoco. O termo* indígenas, *em compensação, se mantém acima de qualquer suspeita.*

Esses indígenas não desapareceram, como teria sido tão prático para os diversos governos, e alguns governos bem que tentaram ajudar neste sentido. Não morreram todos apenas porque não se faziam mais necessários aos planos dos portugueses ou dos governos dos brasileiros. Apesar das perseguições, da mestiçagem e das conversões forçadas, os grupos que sofreram contato com os europeus mantiveram

muitas tradições que influenciaram a prática religiosa das pessoas simples. Convém lembrar que, no território nacional, a língua geral, o nheengatu,[2] derivada do guarani devido à extensão geográfica colonizada por esse povo, foi proibida em 1750 por decreto do Marquês de Pombal, que não queria duas línguas oficiais no país, mas seguiu sendo falada no território. Longe da Corte, muitas "brancas" remediadas, mestiças ou não, não sabiam falar outra língua. Afinal, a missa era em latim, não se carecia de português para ouvi-la...
E a missa tinha as suas horas fixas. Fora delas, fora das novenas e *incelenças*, sobrava espaço para ouvir o bruxo caboclo e incorrer em pecado.

Os atabaques

A esse amálgama acresceu-se o dos cativos africanos, falando idiomas também variados; alguns desapareceram de todo no país no decorrer do período, como o gurunci. Não desceram dos navios negreiros praticando em uníssono nada igual ao atual candomblé, naturalmente. Cada região de origem tinha formas de culto diferentes: de um certo ponto de vista, o candomblé também é uma religião nascida no Brasil. Em Angola só uma pequena área cultuava os inquices. No resto do território cultuavam-se apenas os antepassados, que aqui se tornaram as Almas da umbanda.

[2] O nheengatu ainda é falado, com orgulho, em aldeias da Amazônia. Há também quem o aprenda como uma espécie de esperanto tupiniquim. Absurdamente, existiu uma briga para proibi-lo no ar, pois o rádio *"não pode veicular línguas estrangeiras"*!

Júlio César Medeiros da Silva Pereira mencionou[3] que a religiosidade banta favorecia a aglutinação. A umbanda retrata isto. Por vezes até canta raízes históricas e geográficas:

Congos e Cabindas quando vêm pra trabalhar,
Congo vem por terra, Cabinda beirando o mar...

A Cabinda, como se sabe, é uma faixa de terra ao longo do mar pertencente à moderna Angola. Ali, como no Congo, fala-se o quicongo, idioma banto. Um dos idiomas que influenciaram nosso falar brasileiro.

Tambores reproduzindo os modelos africanos, percussão no que mais desse jeito, foram costurando uma linguagem comum no terreiro da senzala, nas horas de lazer, essa válvula de escape deixada pelo senhor. Não eram só os instintos da carne que se acendiam e se satisfaziam à beira da fogueira, também a noção de culto e a de cultura se mantinham vivas à sua luz.

A mescla de cultos em cada lugar tinha um tempero e um sabor mutantes como a população da senzala. E em todo lugar vestia a máscara dos santos católicos.

A máscara em muitos casos deixou de ser máscara e passou a ser roupa de domingo. Ou, ao contrário, roupa de semana. Os libertos todos seguiam, até onde se via, a religião oficial. Entravam para *irmandades de pretos*[4] ou *irmandades de pardos*, eram católicos fervorosos. Era a condição, ou uma das condições, para a pessoa ser considerada oficialmente pessoa. O batuque — o ritual de base africana — era visto como coisa de cativos sem acesso à iluminação. Até que ponto os cantos africanos, os feitiços e a terminologia

[3] PEREIRA, 2007.

[4] Vejam-se a respeito os trabalhos de Nireu Cavalcanti, entre outros.

as origens   17

sagrada permaneciam na memória afetiva de cada pessoa saída do cativeiro será difícil, senão impossível, avaliar.

Vale mencionar o ritual *bwiti*, que viceja em algumas regiões bantas da África Ocidental, notadamente o Gabão, onde é uma das três religiões oficiais. Os primeiros registros datam da década de 1830, quando já florescia; teria a sua origem entre os pigmeus. Qualquer que seja a origem deste fascinante culto, e qualquer que tenha sido a forma precisa de se apresentar em tempos passados, hoje o praticante do *bwiti* — termo que se pode aproximar de *puíta*, como em *angoma puíta*, o autêntico tambor sagrado do jongo — entra no salão enfeitado de folhas desfiadas, todo de branco vestido, e ali, trabalhando com água e erva, recebe santo. Inclusive uma entidade não distinguível à primeira vista de um Preto-Velho.

É provavelmente, fora do Brasil, a coisa mais parecida com a umbanda que um umbandista pode ver. E poucos umbandistas, poucos brasileiros, ouviram falar dela.

O culto bwiti

Largamente difundido também no Congo, perseguido na Guiné equatorial, junto à fronteira linguística banta-kwa, o bwiti tem termos semelhantes aos que passaram para a umbanda, como pembe, angum — *o tambor* — e mocambo. *O que se chama* mariwô *no queto aí é* melanwô *e pode haver egunguns (*egangan*). Trabalha com ovos de pata e harpas sagradas, que parecem não ter se firmado no Brasil, mas as imagens de madeira que as encimam têm irmãs em diversos rituais do Norte-Nordeste, como as* calungas *do maracatu.*

Existe um culto rival, o kudo, *em que se pratica uma forma limitada de canibalismo (consumir um filho do próprio praticante). Dizem que o praticante de* bwiti *que comer carne humana morre.*

Os batuques e seus irmãos

O jongo, estreitamente ligado aos negros bantos e cantado sempre em português, não esperou que lhe definissem umbanda e candomblé para nascer. Hoje os jongueiros são quase todos praticantes de pelo menos uma religião de base africana. Pelo menos uma, pois não é raro um terreiro trabalhar com candomblé e umbanda; a isso voltaremos. Poucos jongueiros, como a legendária Tia Maria da Serrinha, afirmam que são unicamente católicos e frisam que *nem acendem velas porque não precisa*. Pelo menos na hora da roda de jongo as religiões convivem em harmonia. O jongo é sempre cantado em português — o que o aproxima da umbanda —, usa os atabaques e não raro os ogãs do culto, mas é uma manifestação lúdica, profana — pelo menos em grande parte e até certo ponto. Como se disse, o tambor é sagrado e serve também ao culto; é benzido e as pessoas se benzem nele.

Batuque é um nome dado ainda hoje no Sul à religião de matriz africana, o candomblé de outras regiões; era como se chamava geralmente toda manifestação religiosa com uma origem africana. Quando não se chamava batuque, era chamada de *macumba*, termo banto.

Assim como é banto o termo *umbanda*.

Vale a pena deter-se um instante neste termo. Conheço umbandistas que se referem sem pudor à gira (principalmente de Exu) como macumba; conheci candomblecistas que chamavam o culto de "macumba" em oposição à umbanda — *Umbanda não! Eu frequentava macumba mesmo.*

No entanto, depoimentos no documentário de Pierre Barouh, *Saravah!*, revelam realidades paralelas. Ao francês

as origens   19

procurando definições, o então jovem Baden Powell explica: *Macumba não, a macumba tem muita influência espírita. Candomblé é mais africano*. Para Baden, a macumba claramente é a umbanda. Mais adiante João da Bahiana dá outra versão: *A macumba é na África portuguesa. Candomblé veio da África francesa*. Ele pode mostrar, cantando? Pode; vai cantar *língua d'Angola*. Canta, acompanhando com prato-e--faca, *Quequerequequê*, gravado por ele em *Gente da Antiga* com Clementina de Jesus e Pixinguinha. Termina exclamando repetidas vezes "agô", ou seja, o tradicional pedido de licença em nagô, e murmura algumas palavras. — *Agora canta candomblé!* — pede Barouh. — *Já cantei, isso que eu falei no final era candomblé*. Para João da Bahiana, talvez para Clementina e Pixinguinha, macumba era candomblé angola *e também umbanda*; candomblé era apenas o queto, originário de Nigéria e também do antigo Daomé, este, sim, África francesa. Clementina de Jesus gravou muitos pontos de umbanda, alguns de rito angola, mas nenhum canto em nagô. "Macumba" podia se cantar em público, candomblé, só no ritual.

Isso no Sul-Sudeste, em Minas Gerais. Mas nos nossos Nortes chegaram poucos bantos; a proporção indígena na população deste país mestiço era muito maior e outras receitas nasceram ali, com temperos inesperados: o babassuê, o catimbó e outros.[5] Cultos que mencionam os nomes dos orixás nagôs; em que Oxalá, Oxum, Oxóssi e Santa Bárbara se misturam às linhas encantadas de caboclos, à força da jurema.

Atabaques, percussão de palmas — às vezes chamadas de *paó*, nome banto — e também maracás. Charutos da erva local (o tabaco) apreciada pelos curandeiros indígenas; os portugueses a introduziram na África. Caboclos e Juremas.

---

[5] Veja-se a respeito e entre outros PRANDI, 2001.

Arruda, que veio da Europa, e *Petiveria alliacea*, outro exemplo de erva viajante: nativa do nosso continente, implantou-se tão bem na terra africana que a conhecemos no Brasil pelo nome de *guiné*. Em cada região — poderíamos quase dizer em cada terreiro —, a proporção de influências locais e africanas varia.

Quem há de dizer: este aqui foi o que nasceu primeiro? Quem há de dizer: aqui termina ou aqui começa a umbanda?

E logo para começar, o que significaria umbanda?

Os verbetes

A definição do *Dicionário de umbanda*, de Altair Pinto, publicado nos anos 1970, é dupla e sobrepõe os valores conflitantes do autor. Começa dizendo que tem "a sua origem africana, pois é um nome de origem quimbandeira que quer dizer o seguinte: mágico, curandeiro, chefe de terreiro". Uma página adiante, ainda no mesmo verbete, explica: "A definição do nome de umbanda é a seguinte: temos, em linguagem oriental antiga, a palavra UM que significa Deus, e BANDA, também da mesma origem, que quer dizer agrupamento, legião."

Entre as duas frases, Altair Pinto, presidente da Tenda de Umbanda Com Jesus no Coração, desenvolve a ideia de que está na hora de não mais confundir "Umbanda com Africanismo".

Mas são deveras conflitantes os valores do zelador Altair, pois, apesar dessas declarações, inclui grande número de verbetes de origem banta ou iorubá: nomes de orixás, de objetos, de situações; e o volume contém um *Pequeno vocabulário da língua iorubá* destacado já na capa.

as origens   21

O *Dicionário banto* do historiador Nei Lopes define a umbanda como religião brasileira de base africana e dá a tradução do termo existente em umbundo e quimbundo: *arte de curandeiro, ciência médica, medicina*. Assinala que a forma quimbunda no singular é *quimbanda*, e lembra que o *mbanda* cura e quem faz adoecer de feitiço é o endoque, o *ndoki*.

Outra estudiosa de fama, Yedda Pessoa de Castro, em *Falares africanos da Bahia*, inclui o quicongo na lista de idiomas bantos em que se acha o termo e o traduz por *tabu, coisa sagrada, bruxedo*. Voltaremos à sua definição que é mais extensa.

A definição de Olga Gudolle Cacciatore é a mais longa, mais detalhada e cuidadosa. Pela própria natureza do seu *Dicionário*, a autora precisou definir claramente duas umbandas, a popular e a esotérica. Também pormenoriza a etimologia: *Do kimbundo u-, prefixo para termos abstratos; mbanda, preceito. Ou de umbanda, arte de curar praticada pelo quimbanda. Ou de umbanda, magia.*

Cacciatore ainda acrescenta outro verbete, *umbanda de branco*, que por ser breve reproduzo a fim de comentá-lo:

> Culto umbandista muito próximo do cardecismo e que usa roupas e sapatos brancos, mesa, sobre assoalho de madeira. Também chamada Umbanda de Cáritas, porque abre as sessões com a prece de Cáritas, do Espiritismo de Kardec, e se preocupa muito em praticar a caridade material e espiritual.

Se analisássemos mais vinte verbetes — se dispuséssemos de mais vinte verbetes para analisar —, acharíamos outras variações ainda.

À procura do denominador comum

O que dizem os zeladores da umbanda?

Reza a tradição, largamente aceita e até certo ponto largamente contestada, que a umbanda nasceu em 15 de novembro de 1908 numa sessão de mesa branca, ou seja, uma sessão cardecista, em Niterói, quando o Caboclo Sete Encruzilhadas, falando pelo boca do médium Zélio de Moraes, declarou: — *Aqui falta uma coisa!* — e levantando-se foi até o quintal, de onde voltou com uma rosa branca.

Creio que a poucos umbandistas ocorra duvidar dos fatos descritos. Essa data é benquista por todos eles. O que é contestado é que a umbanda tenha aguardado aquele momento para existir. Conceitualizar uma coisa existente não a cria: o Brejo da Madredeus é agora chamado por muitos de Nova Jerusalém, porém, até se lhe mudarem oficialmente o nome — o que poucos habitantes desejam —, seguirá sendo aquela mesma cidade nordestina. Talvez não se chamasse aquele culto de umbanda, mas a palavra e o culto já existiam. Ou formas do culto. Algumas coisas, como o personagem de Gabriel García Márquez, nascem mais de uma vez. A rosa pode ter várias raízes.

Declara o pai Jorge de Sá, feito na umbanda dentro do mato, do tempo em que o culto era um desvio mal visto: *A umbanda veio dos bantos. Nasceu para duas coisas, para continuar o feitiço e para louvar as almas. Depois é que inventaram aquela história que nasceu em Niterói, veio a umbanda católica... Está certo, a umbanda aceita tudo, até budista...*

Pai Jorge de Sá pertenceria à corrente da umbanda popular. Porém abria as suas giras com preces cardecistas, todos ali vestiam branco, embora sem sapatos de qualquer cor.

Preocupava-se, sem dúvida, numa escala bem menor do que uma casa da linha próxima ao cardecismo, em "praticar a caridade material e espiritual". Mas, afinal, como definiu José Maria Bitencourt, *a fronteira entre o cardecismo e a umbanda é um jardim de flores...* Outra definição largamente aceita por zeladores umbandistas é a de que a umbanda *fala português, não cobra, não corta bicho.*

Aí temos o princípio de uma definição incontestável. Umbanda fala português. Entenda-se por isto que os pontos cantados, os hinos, as rezas são em português. Podendo porém haver eventuais cantos noutra língua e espíritos que falem noutra língua. Se assim não fosse, não seria umbandista o famoso ponto *para obrigar um espírito a falar língua de santo*:

O galo cantou na calunga:
tu fala direito na língua de Zambe!
Tu tem que falar na língua de Zambe!

Não se trata de candomblé angola; por definição, se é candomblé, não baixa espírito para falar com o público, só desce orixá/ inquice/ vodum. Então chegamos a uma segunda e incontestável definição. O consenso por enquanto é que *a umbanda fala português e nela baixam espíritos.* Espíritos esses que o candomblé costuma chamar pejorativamente, segundo o caso, de eguns ou catiços.

E o restante da definição acima? Há na umbanda casas que cortam bicho e/ou cobram preço simbólico, não da gira, mas sim da consulta. Há médiuns de umbanda que atendem sozinhos, com a ajuda de um cambono, e cobram também:

quem não passou pela casinha modesta onde a tabuleta avisa que a Vovó ou o Caboclo "atende às segundas e quartas"?

E haverá médiuns cujo preço habitual nem tão simbólico é, a julgar pelas filas que se formam segunda-feira de manhã em determinado endereço razoavelmente nobre do Rio de Janeiro onde, na segunda-feira, as consultas são grátis. Note-se que nem lugares como esse deixaram de praticar a caridade uma vez por semana. *Viver do santo* é ocupação perfeitamente respeitável no mundo afro-brasileiro. As contas, inclusive do espaço de atendimento, não se pagam sozinhas afinal.

Casas como essas, médiuns como esses, se não são de umbanda, o que são então?

Haverá como enriquecer mais a definição?

Yedda Pessoa de Castro afirma no seu verbete que a umbanda *não costuma usar azeite de dendê para fins ritualísticos*. Isso poderá ser verdade na Bahia, ou ter sido verdade, e continuar sendo verdade nas linhas cardecistas e esotéricas.

Não na umbanda popular. Dendê é um excelente cicatrizante e energizante tópico, e no ritual se limpa a mão suja de dendê no cabelo como proteção quando se preparou, de joelhos no salão, o padê de farinha de mandioca. Ouvi de um pai de santo de candomblé:

— Pipoca feita no dendê, isso é coisa da umbanda, no queto se usa a areia do rio.

Mas se o não uso do dendê não vale, ou não vale mais como determinador, será que não haverá outro ainda? Há.

Pelo menos para definir em relação ao candomblé. Na umbanda baixam não apenas Vovós e Vovôs, Exus, Boiadeiros e Crianças, mas também os Caboclos. Ou seja, *a umbanda tem influência indígena*. Já existia, pelo que se sabe, antes da sessão em Niterói. Mais exatamente, esta pode ter sido decorrência daquela.

Não será isto uma falsa influência, uma vez que os caboclos são tidos geralmente por espíritos de indígenas "civilizados" pelo suposto efeito do contato com a fé católica (o que além de ingênuo é no caso um tanto irônico)? Não. Os caboclos verdadeiramente trabalham como pajés, empregando maracás e fumo no ato de cura. Tendo tido a sorte, há poucos anos, de ser pinçada num grupo de dez ou doze pessoas por um pajé guarani para ajudá-lo num ritual de limpeza, observei que me sentia totalmente em casa. Compreendia o que ia fazer e por que o fazia, e teria feito igual ou deixado que fizessem comigo. Havia uma única umbandista no grupo todo, e o pajé não sabia disso ao entrar na cozinha e me escolher.

Não serão — e isso em si é objeto para outra pesquisa específica e profunda — só guaranis as influências. Quem quer que tenha ouvido os cantos rituais fulniô deve ter reconhecido uma linguagem musical familiar. O ritmo é de nossas toadas e canções do interior, em nada lembram o samba e têm cheiro de infância. A influência se exerceu sobre a musicalidade brasileira como um todo, não à umbandista em particular; tanto os tupi-guaranis como os macro-jês, a que pertencem os fulniô, ocuparam extensíssimos territórios, e a área de contato com o povo de língua portuguesa foi por conseguinte muito grande. Mas a tradição musical brasileira, a profana e as religiosas, a umbanda e as suas irmãs incluídas, sofreu influência jê, da qual o candomblé ficou isento.

Esta influência de cultos pré-africanos, presente em grandes áreas que receberam também influência africana, esta mistura que permite a um médium maranhense, paraense ou pernambucano, acostumado ao catimbó ou à jurema de caboclo, chegar ao Rio de Janeiro e vir trabalhar em terreiro de umbanda sem grandes dificuldades, pois são cultos irmãos, são esses amálgamas que nos obrigam a pisar com cautela na hora de dizer qual seria *a primeira religião autenticamente brasileira*. O território nacional é vasto...

Chegamos então a uma definição abrangente da umbanda: fala português, recebe espíritos e *tem influência indígena*, além de influências africana, católica e cardecista. E, poderíamos acrescentar, usa branco.

Tais determinadores não são próprios só da umbanda. O seu conjunto é que vai definir a prática umbandista. Se não houver influência indígena *alguma* — é bom enfatizar que em alguns terreiros cariocas e fluminenses ela realmente é pequena — talvez seja omolocô, não umbanda, ou o chamado umbandomblé. A definição a que acabamos de chegar acima distingue a umbanda do candomblé, mas não permite necessariamente distingui-la de cultos nortistas que sofreram influência africana menor.

Os jês e os jejes

A linha jeje do candomblé tem sua origem no antigo Daomé. Nada tem a ver com os povos jês do Brasil, como os fulniô, que foram itinerantes e atualmente se viram obrigados a se fixar em Pernambuco.

as origens 27

Debaixo de umbanda tem mironga...

Em Santa Cruz, até os anos 1990, dois irmãos eram vizinhos na magia e no espaço. Um se alardeava quimbandeiro; este não afixara placa alguma na cerca. O outro, ocupando o último lote da estradinha de terra, não mexia com magia negra, afirmava não cortar bicho e seu terreiro se chamava Tenda Espírita. Não lhe foi saudável a vizinhança. Alguma disputa entre os dois levou à morte sua esposa, pelo menos na visão dele, que acusava o irmão. Veio a falecer ele próprio um ou dois anos depois. A ruazinha de terra ficou livre para o bruxo dos malefícios e para os dois templos evangélicos que então começavam a atrair fiéis.

O que vem a ser a quimbanda? Terreiros, médiuns e entidades *que mexem com sangue* geralmente são acusados por outros de praticarem a quimbanda. Há até quem tenha falado de *quiumbanda*, existindo paralelamente à umbanda e à quimbanda.

Quimbanda, já vimos anteriormente, originalmente é o nome banto do curandeiro, e não do bruxo do mal. Mas optar por não mexer com magia negra não significa ser, intrinsecamente, incapacitado para mexer com ela. Talvez daí a confusão. Outro motivo de confusão terá sido o desprezo que mereciam conjuntamente as práticas de matriz africana, vistas como diabólicas, inclusive no discurso — pelo menos o oficial; do íntimo, jamais saberemos — dos negros libertos ou em vias de libertação reunidos em irmandades.

Os cultos africanos receitam com naturalidade feitiços contra os que são vistos como atrapalhando o caminho. *Ewé!* de Pierre Verger traz vários exemplos disso. A umbanda tenta se definir em relação a essa prática, mas nem sempre consegue. Ademais, existe uma diferença percebida pelo praticante entre *voltar o feitiço* e dar início a uma vibração de negatividade.

Para não melindrar sensibilidades, tomemos o exemplo de um livro esgotado, o precioso *Na gira dos Pretos-Velhos*, de N. A. Molina, publicado nos anos 1970. O volume reúne, entre outros paradoxos, a seguinte citação do rei Davi: *Guardai vossa língua do mal e vossos lábios da mentira; desviai-vos do mal e fazei o bem, buscai a paz e segui-a;* e um *Trabalho para atrapalhar os negócios de alguém.*[6]

Existe um consenso de que magia negra exige sangue. A mencionada receita para "atrapalhar negócios" não exige; e, como ela, há outras equivalentes, nessa e noutras fontes. É verdade que não são feitiços de morte. Esses raramente se divulgam assim. Por outro lado, existem guias — geralmente Exus — que pedem muito sangue para limpar o consulente de suas cargas, ou ainda para pôr as causas para a frente. A ideia é passar para o animal a má sorte da pessoa. Alguns pais de santo apenas *trocam a cabeça* e não matam o bicho. Soltam-no em locais que lhes parecem adequados. Parece imperfeita a solução.

Não resta dúvida de que um bicho morre com muito mais respeito e rapidez na mão do mão de faca do que no matadouro ou abatedouro. Não resta dúvida de que muitos que se apiedam dos bichos sacrificados comem carne às suas

---

[6] Inesperada, por não envolver mal ao próximo, é a definição de magia negra dada por um descendente de escravos (RIOS E MATTOS, 2005): *Eles passavam na estrada e ninguém via eles, a enxada ia trabalhar sozinha e eles voltavam para casa... devia ser alguma coisa ruim que eles tinham, algum troço ruim. Era reza brava, eles tinham... era magia negra mesmo, magia negra da África, aqui não tinha isso não, porque quem trouxe foi eles de lá.* Definida como *ruim* mas com admiração, magia negra é aquilo que o locutor desconhece.

as origens 29

mesas e deveriam pensar antes de falar. Mas para limpar-se da negatividade talvez fosse melhor limpar de dentro para fora e com mais autocrítica. Por essas razões, ou outras ainda, na umbanda muitas casas não aceitam o sangue e *doutrinam* os Exus que ali baixam para que bebam água, caso queiram beber. Com isso mantêm esses guias na linha da casa. Mas também há Exus que bebem misturas com cachaça e não cortam bicho nem aceitam sangue, não entrando então naquela definição de quimbanda. Na verdade, tanto se pode cultuar os orixás sem sangue, como guias Exus não praticam automaticamente atos prejudiciais, como muitos acreditam e chegou a escrever Reginaldo Prandi.[7]

Dizem então que guias como o Exu Caveira é que *são da quimbanda*. Também não é exato, não automaticamente, se por *quimbanda* se entende a prática de magia negra. Há precisamente ao menos um Caveira, bebedor de cachaça na mistura, que não mexe com feitiço que leve sangue. Esta definição referente aos Caveiras, a meu ver, deriva de uma assimilação de toda negatividade à morte, que é um fenômeno natural e a condição de nossa existência.

Voltaremos em tempo a esses aspectos. Por ora, cristalizando a contaminação ainda inextricável entre umbanda e quimbanda — não, contaminação não; não se trata de contaminação, pois vem de raiz e não ocorreu depois —, cristalizando, melhor, a dificuldade de separar as faces da medalha, este ponto ingênuo de umbanda:

Cristo nasceu, padeceu e morreu na quimbanda (bis)
Quando Jesus na quimbanda ressuscitou na Aruanda
Os Pretos-Velhos quimbanda aqui chegou da Aruanda

[7] PRANDI, 2004.

Santos, médiuns e não médiuns

Abrindo a gira: orixás e guias

Uma das características da umbanda é o fato de que os médiuns recebem os espíritos chamados indistintamente de guias, ficando, durante o transe, em estado de semiconsciência ou de inconsciência total. Isto ocorre em muitas outras religiões vivas ou mortas, notadamente, e para ficar no Brasil, no cardecismo e nos já mencionados cultos de base mista indígena-africana, como o catimbó. Essa característica é com frequência mal aceita ou mal compreendida por membros do candomblé, que se referem aos espíritos pejorativamente como *eguns*. Os umbandistas não veem problema algum nisso, considerando que existem, por assim dizer, benefícios de mão dupla no transe, ajudando cada guia o médium e o público, e ajudando-se a si mesmo a alcançar um plano superior.

Quando tal guia deixa de vir na cabeça de um médium porque alcançou esse plano, é frequente (mas não obrigatório) continuar vindo noutro lugar com o mesmo nome. Isto porque os nomes de guias são como franquias, e muitos deixam isso claro dando a *qualidade* de seu nome. Não apenas uma Pombagira, e sim uma Padilha. Não apenas uma Padilha, mas Padilha tal ou tal, por vezes com a qualidade da qualidade: Boiadeiro do Sol *dos Sete Caminhos*. Há terreiros porém em que a Vovó Conga é Vovó Conga e pronto, mesmo havendo mais de uma presente.

Os médiuns recebem também, na maioria das casas, os orixás de suas *coroas*.

Os terreiros praticamente todos cantam para orixá; todavia alguns, por exemplo, na linha cardecista, não o fazem, sendo isto a exceção e não a regra hoje em dia.[8] Nesses, e por vezes noutros, não há atabaques. Por sinal, não se diriam terreiros, e sim Tendas Espíritas, termo que reúne, no entanto, inúmeros templos de tendências variadíssimas. Outras casas, da linha esotérica, só reconhecem as "sete linhas": Oxalá, Iemanjá, Xangô, Ogum, Oxóssi e as duas linhas astrais próprias a esta corrente, a de Yori e a de Yorimá: Crianças e Pretos-Velhos. A umbanda esotérica tem alguma semelhança com as linhas mistas já mencionadas, e vice-versa, porquanto cada linha se subdivide em falanges;[9] por exemplo, a de Iemanjá inclui, segundo Cacciatore: a falange das Sereias, chefiada por Oxum; a das Ondinas, que tem por chefe Nanã Burucu; a dos Caboclos do Mar, cujo chefe é Inraiá; a das Caboclas do Mar, chefiada por Indaiá; a das Caboclas do Rio, que tem por chefe Iara; a dos Marinheiros, cujo chefe é Tarimá; a dos Calungas, cujo chefe é Calunguinha; e a da

---

[8] Neste trabalho não se estudarão casas como a IEVE, que, segundo me explicam, pertence à Linha do Oriente, pois demanda um olhar específico e segue preceitos diferentes.

[9] Falanges essas bem menos geométricas e matemáticas fora da umbanda esotérica. Ver por exemplo FIGUEIREDO, 1983.

Estrela Guia, chefiada por Maria Madalena. Oito falanges. Muitas casas só cultuam sete, número mágico, desaparecendo a falange dos Caboclos do Mar. Com exceção dos orixás assimilados a guias, estas entidades são praticamente desconhecidas na umbanda "popular". Bitencourt pormenoriza 16.807 *guias*, 117.649 *protetores* e 823.543 *vigilantes*, numa complicada matemática astral.

Aspectos da prática

Notou-se aí, imediatamente, um aspecto organizado e organizador no culto da umbanda esotérica, que costuma preocupar-se com o desenvolvimento em todos os planos de seus membros e frequentadores. Isto poderia se traduzir, por exemplo, na entrega de cestas básicas ou na inscrição de crianças na creche gratuita aos membros do público que assistirem às evangelizações. Normalmente, traduz-se em aulas com apostilas para os postulantes ao cargo de médiuns, que serão assim pessoas preparadas para servir o mais corretamente possível a esse público, sem escorregar na doutrina nem tampouco na ética. Isto se dá igualmente em casas associadas à Linha Oriental, como a IEVE, no Rio.

Esta exigência bem intencionada tem por efeito colateral excluir de forma automática todos os médiuns analfabetos ou mal escolarizados, como eram geralmente os próprios guias hoje recebidos durante a gira.

Sem que de maneira alguma se esteja dizendo que na umbanda popular só trabalhem médiuns mal escolarizados, a estes sem dúvida só resta essa. A formação, geralmente verbal, mesmo quando é obrigatória, muitas vezes é paralela ao trabalho de médium e não o precede; mas em condições normais é permanente, para os que queiram tirar dúvidas, para os que não alcançaram o padrão ou dele saíram. (Pode haver por outro lado, em casas de umbanda popular, tentativas bem ou mal sucedidas de alfabetizar aqueles médiuns e os integrantes do público que careçam deste serviço.) Acrescento que alguns dos guias mais *formosos* que conheci usavam um cavalo analfabeto. O guia escolhe quem tem de escolher.

Por causa da eventual baixa escolaridade e do preparo mais informal, por virem migrados de outros cultos aparentados, por serem os primeiros umbandistas da família, por todos esses motivos ou outros ainda, verifica-se não raro uma confusão — também existente em parte do público — entre as duas principais categorias de santos: nem todos têm claramente definido o que é um guia em relação a um orixá. Contudo, pelo menos entre os médiuns, ela vai desaparecer com os meses; o emprego do termo *guia* em vez do abrangente *santo* ajuda a vencer a confusão.

Outros aliados são, entre outros, a prática, herdada do sincretismo dos cultos africanos, de se cantar para os orixás antes de os guias começarem a baixar na cabeça dos médiuns; as festas para esses orixás, acompanhadas de esclarecimentos e às vezes da repetição de mitos; e o começar a *vibrar* de formas diferenciadas com estes e aqueles nas festas e fora delas. Tudo são elementos que vão ajudando mesmo o mais confuso dos médiuns a enxergar.

Acima de tudo a norma é o médium que nunca trabalhou *de branco* "cambonar" enquanto *se desenvolve*, processo que não pode ter pressa e pode levar mais de um ano. Chegar a mocinha para se consultar e já se pôr a *rodar* e a *dar o nome*

santos, médiuns e não médiuns   35

do santo na sessão seguinte, *puxada* por algum guia que exige que ela peça ao zelador para *botar roupa branca*, acontecendo uma vez, pode até ser um guia excepcionalmente forte baixando; como rotina, aponta a decadência do terreiro.

Outra confusão difundida, mais difícil de erradicar talvez e provavelmente menos séria, é confundirem-se — só na linguagem para uns, para outros nem tanto — os orixás com os santos católicos que lhes emprestaram a sua imagem. Ouve-se sempre algum zelador corrigir: *São Jorge não é Ogum!* ou *Iansã não é Santa Bárbara!* E eles têm toda a razão, mormente se lembrarmos que em algumas regiões de influência africana, inclusive fora do Brasil, como Cuba ou Santo Domingo, Santa Bárbara corresponde a... Xangô. Que São Jorge "*no Rio é Ogum e na Bahia é Oxóssi*". Nome empregado com exatidão deixa o culto mais correto.

Por vários motivos, porém, e como já se depreende do versinho aí citado, as pessoas estão acostumadas a usar os nomes dos santos em certas circunstâncias, como na hora de encomendar imagens de *santinhos* para pagar promessas, de falar de plantas com não iniciados. Fora do terreiro se diz espada-de-são-jorge, espada-de-santa-bárbara; fala-se de (falso) boldo e não de tapete-de-oxalá.

As imagens

Sendo por outro lado recente — e discutida, senão discutível — a existência de imagens *de orixás*, todos estão acostumados a ver nas casas de culto imagens de santos católicos, estejam no gongá ou na gruta. Algumas imagens têm versões umbandistas: é clássica a imagem de Cosme e Damião com Doum no meio; existe apenas em gesso, não em forma de santinho. Já existe também, contrastando com São Lázaro, um Obaluaiê limpo de pele e formoso de forças, e inacreditavelmente pintado de cor-de-rosa, o que — se deduz — simbolizava para o fabricante saúde plena, numa visão tanto preconceituosa como desprovida de lógica. O santo, porém, aceita a intenção de quem adquiriu e a vibração posta na imagem.

Origem de Doum

Para os bantos, a criança nascida após os mabaços, ou gêmeos, tem poderes especiais. Doum sempre é representado menorzinho.

A umbanda possui um rico repertório de santos de gesso, e pode eventualmente adaptar imagens já existentes. Assim, a imagem (versão negra e versão branca) de Mariazinha da Praia é a de Shirley Temple menina...

Acusam a umbanda, como outras religiões, a começar pela católica, de *adorar imagens*. Com respeito aos cultos que não a empregam, a imagem é um portal, mais ainda do que um símbolo: uma janela de comunicação com o santo e um local, ou um dos locais, onde se cristaliza a devoção e se sente a força. Ninguém remotamente provido de inteligência acredita que o orixá ou o guia seja de fato a imagem de gesso ou madeira, o mais das vezes negociada na loja prosaicamente — ou mesmo respeitosamente trocada, como preferem dizer alguns.

As imagens podem sempre estar expostas no altar, gongá ou peji; ou podem migrar, segundo as festas, entre ele, a gruta e, eventualmente, a casa das Almas. Em alguns templos se tem acrescentado, na gruta ou no peji, a recente linhagem de gesso que supostamente representa a vibração dos orixás. Tais figuras são, no entanto, e independente de outras considerações, difíceis de distinguir mesmo por ogãs do candomblé.[10] As linhas de imagens de orixás, noutros materiais e mais artísticas, não tendo chegado às lojas que vendem velas, raramente são vistas em casa de umbanda. Fora estes aspectos de ordem prática — não se distinguem, não se encontraram —, existe outra razão, não inerente à umbanda de forma alguma, para não se usar muito as imagens *de orixás*. Percebidos como *vibrações* ou *forças da natureza*, parece pouco respeitoso, ao mesmo tempo que fadado ao insucesso, tentar plasmar uma imagem destes santos no gesso, ou no que seja. Já Santa Bárbara viveu, teve corpo, como se supõe que tenham vivido as Vovós e Tias. A maioria dos fiéis, conscientemente ou não, se sente mais à vontade com essa tradução convencional de um grande axé, funcionando esta um pouco como as máscaras de rituais religiosos (inclusive candomblé e umbanda para casos específicos como Omolu, oculto pela palha da costa) que permitem que se venere, sem se ver o que não se deve ver.

O correr da gira: cambonos e público

Durante os trabalhos será essencial o pulso e a boa formação dos cambonos. Cambono tem de ter boa doutrina para orientar. Pegar um postulante ao cargo de médium para cambonar, mas sem formá-lo, é ir ao encontro de dificuldades. Há os que

[10] Ao nos referirmos aqui em relação aos ogãs na umbanda, nos referiremos sempre a *ogãs dentro da umbanda*: o responsável pelo toque de tambor no ritual do Centro. No candomblé existem várias categorias de ogãs, algumas muito diversas desta.

são tímidos demais para chamar a atenção de quem precisa, seja colega ou membro do público, inclusive por morarem no mesmo bairro uns e outros; os que se confundem quanto aos banhos e obrigações ou esquecem de passar referências importantes porque pensavam noutra coisa; os que incorrem nos erros que deveriam corrigir, fumando escondido, favorecendo na fila de chegada pessoas de seu conhecimento, falando ao celular no quintal ou corredor, propagando boatos. São inúmeras as falhas possíveis mas, sem dúvida, entre as piores está o cambono que se deixa manipular por algum médium ou o seu guia, e dirige o público para este, sempre dizendo que tal outro *não quer ver gente* nesse dia, com o intuito de tornar o favorecido *poderoso* dentro do terreiro.

Não basta não estar *rodando* para cambonar bem. O cambono ou a cambona verdadeira (no candomblé seriam ogãs e ekédis), já sabendo que não recebe *nem carta*, como se diz, não fica à espera da vibração que, já sabe, não lhe vem, e em tese pode dedicar-se mais. Mas há verdadeiros médiuns que cambonaram em seu tempo, de forma a deixar um nome, e verdadeiros não rodantes vítimas de suas fraquezas na hora de servir. O ideal é estarem todos os que cambonam sob a supervisão de um mais antigo, conhecedor da doutrina, seguidor da ética e a ambas fiel. Nem sempre isso é possível. Num terreiro grande, tal impossibilidade pode ser desastrosa.

Uma das chaves para um bom atendimento seria assim limitar não apenas os atendimentos no dia, verticalmente no tempo, mas horizontalmente nos números; limitar o número de médiuns ao de cambonos preparados e comprovados. Alguns terreiros exigem um cambono por médium e, às vezes, que ele saiba escrever.

Não é apenas dos cambonos que depende o bom andamento da sessão. Quando os portões são fechados ao começar a gira, tem-se certeza de quem está ali. Não apenas fica limitado a um determinado *numerus clausus* o volume de atendimentos, mas o público ouviu e — espera-se — compreendeu a preleção do zelador ou zeladora, seja breve ou extensa; evitando-se assim, entre muitos outros, casos de confusões, como as mencionadas anteriormente.

Outros terreiros porém, compadecidos dos integrantes do público que trabalham em horário rígido, fecham o portão em horário que efetivamente adequa os atendimentos ao número de médiuns, mas que não garante que os assistentes à gira tenham e mantenham a postura respeitosa que se espera, nem muito menos compreendam com quem estão se consultando e qual parte de responsabilidade lhes cabe.

É um problema espinhoso. Como negar aos que desejam se consultar o direito de entrar? Talvez a solução seja mutante e de contornos imprecisos, como a própria umbanda. Vigilância sempre, modificar o que não está dando certo, formar cambonos confiáveis. O ser humano sendo, por definição, imperfeito e falho, sempre haverá falhas e imperfeições. Elas não são próprias à umbanda,[11] o que não pode ser desculpa para não tentar remediá-las. Mas dar uma oportunidade a quem diz precisar não parece equivocado.

Afinal, a umbanda é, como reza o pouco lembrado prólogo do seu hino, *doçura da vida para aqueles que não têm*. Isto tanto significa que é acessível financeiramente, em relação ao preço dos trabalhos de candomblé, como também que

---

[11] Há pouco tempo, numa missa de sétimo dia em Ipanema, duas senhoras comentavam a novela, porque *não era o Pe. Fulano e esse homem ninguém entende* (o sacerdote da prédica era espanhol).

não exclui desvalidos. Normalmente, não cobra gira nem os trabalhos ali feitos, e os trabalhos fora da gira devem idealmente adequar-se ao tempo e ao espaço do Centro, evitando cobrança *por fora*. Tudo no mundo, porém, é relativo. Há desvalidos e desvalidos. Estando há vários anos já no Centro onde trabalhei exatos sete, vendo muitos médiuns e a maior parte do público chegarem do bairro modesto e de outros longínquos e mais modestos ainda, soube que éramos considerados um Centro de luxo, pois existia outro a dez minutos a pé, aonde iam moradores de rua e outras pessoas que não tinham condição de adquirir coisas, como ervas para banho, e nem gozavam de local próprio para tomá-lo, muito menos prepará-lo com o capricho requerido.

Ali entendi como o meu trabalho era na verdade fácil...

O correr da gira: médiuns e ogãs

Alguns terreiros não têm ogãs, simplesmente porque não possuem atabaques. Isto pode ser uma situação desejada, decorrente da linha da casa, ou passageira, em terreiros que estão se iniciando. Como tudo na umbanda, as fronteiras são tênues e imprecisas, mas, de modo geral, quanto mais cardecista ou esoterizada a casa, menos probabilidade há de haver atabaques.

Os cantos podem ser cantados *a capella* ou ao som de palmas; pode haver um ou uma cantadora, ou vários se revezando, muitas vezes com microfone, e o público ou o coro dos médiuns pode ou não ser estimulado a participar. Zeladores de visão mais tradicional não gostam do microfone. Além do efeito visual dos cabos, há o efeito energético, uma vibração estranha ao culto. Voz bem empostada resolve, e nesse caso a norma é o coro seguir quem puxou. Pode haver fluidez na hora de puxar: — *Quem sabe outro ponto de Ogum? — Sá Fulana, canta aí pra Oxum!* Cada casa tem o seu perfil. De um modo geral, a vibração do canto é percebida como algo positivo, que contribui na limpeza do médium e afirma a sua fé.

Quando há atabaques, pode haver um tocador não especializado. Entenda-se por isto um membro do templo, médium ou não, que geralmente é varão e gosta de samba. Ele, ainda de modo geral, desconhece, ou conhece pouco, os toques dos orixás; toca e canta só com a boa vontade, e de jeito a não cobrir com o seu desempenho a voz do coro.

Os ogãs[12] oficiais, ou seja, formados no candomblé, estando ainda vinculados a ele ou não, tendem a fazer o oposto. Sempre varões, são muito respeitados por terem estudado mais, se aprofundado no preceito, e por colocarem a mão no objeto sagrado que é o tambor. Não tendo mediunidade, têm fama de possuir *vista*.[13] Sempre se encontram nas casas mistas, cada vez mais frequentes, se diria, que são primordialmente de candomblé mas têm giras de umbanda,[14] sejam só as de Exu, sejam todas. Ogãs assim formados representam, porém, um elemento disruptivo em terreiro que é de umbanda unicamente.

Não vai aí nenhum preconceito, e sim observação. Pequenas pinimbas, como o ogã chegado há pouco na casa

[12] Ver nota à página 26.

[13] Propaga-se indiretamente a ideia de que médium não possui *vista* jamais, o que é falso.

[14] Afirma Reginaldo Prandi, e há evidências disso, que há forte migração de futuras mães de santo da umbanda para o candomblé.

reclamar aos brados que *o coro está cantando baixo e assim o orixá não ouve!* são contornáveis, contanto que se contornem. O zelador não pode permitir em hipótese alguma que se instale entre os médiuns o temor ao ogã. Melhor ficar sem ele. Até porque enquanto alguns deles o temerão, outros poderiam achar atraente inspirar temor, e o ciclo infernal não teria fim.

No exemplo dado acima, basta lembrar ao ogã que a casa é de umbanda e os santos ouvem, sim, até o murmúrio da prece... Já coro de má vontade, em que uns dizem *ah, não sei cantar* e outros fingem que cantam, merece mesmo repreensão... Que não deve ser só do ogã.

Este exemplo foi de uma *pequena* pinimba. Tentar *corrigir* a prática da umbanda com a régua do candomblé é bem diferente, e isso por vezes ocorre. Por outro lado, o fato de o ogã ocasionalmente cantar em iorubá ou banto não representa ofensa à casa nem ameaça aos médiuns, como acreditam alguns destes. Ninguém, afinal, está proibido de aprender nem de perguntar! É uma oportunidade para os membros do coro expandirem o conhecimento; contanto que a maioria dos pontos puxados seja sempre em português, língua da umbanda, para que todos participem sem dificuldade.

Apesar de alguns zeladores da umbanda declararem que ogãs representam um perigo no terreiro, ainda assim os põem nas giras a tocar. Esta inconsequência deixa quem fez a declaração mais vulnerável do que outro zelador que não ache o mesmo e também chame um ogã ou deixe que ele entre.

Em todos os casos, porém, não raro o ogã é visto como um poder paralelo, dotado de força mágica especial, quando não o representante de uma corrente dentro da corrente. Nesse caso, mais uma vez, melhor separar-se dele e cantar mesmo *a capella*. A voz humana é um dos mais belos instrumentos, afinal. O terreiro pode funcionar até certo ponto como uma democracia, ou como uma autocracia regida pelo zelador, sendo soberanos em todos os casos os preceitos coletivos que se pretendem cultuar: fica na casa quem quer, terreiros não faltam. Quando há jogo de influências e rivalidade com o zelador é que a coisa azeda.

Lá vem Vovó descendo a ladeira com a sua sacola...

Geralmente as giras ou são de Exu ou dos outros guias. Alguns terreiros preferem ainda bater para os outros primeiro, e para Exu passada a meia-noite; este uso praticamente obriga que a corimba destas casas se dê num sábado.

Guias escolhem cavalos independentemente do gênero destes. Até porque, no geral, cada um recebe duas crianças, dois Pretos-Velhos, e dois Exus, um masculino e outro feminino. É mais comum o principal guia de cada dobradinha, o que trabalha mais tempo com o cavalo, ser do mesmo sexo que este; contudo, isto de forma alguma é uma regra.

Geralmente pedem uma bebida ou *curiador*. Vinho tinto para os Velhos, água com açúcar para as Crianças, cachaça... Isto unicamente quando ficarão em terra tempo bastante para consultas.

Entre certos Exus pode existir rivalidade; por exemplo, Padilhas costumam tomar bebidas finas em taças de vidro e Molambos, cachaça na garrafa. O que define um padrão e uma oposição de valores e comportamentos. Conheci uma trocadora de ônibus que buscava desesperadamente outro cavalo de Molambo para lhe dar uma mensagem especial do seu guia; *não podia ser adé* (homossexual) ou a Molambo xingava o cavalo da outra Molambo, e muito menos cavalo de Padilha, *que acha que é muito*... Infelizmente precisei pedir nesse ponto à trocadora que não seguisse revelando o que ela achava dos guias alheios, e ficou o mundo sem saber dos qualificativos que viriam...

Essa rivalidade, claro está, no salão não pode ser incentivada, nem sequer reconhecida; nenhum guia, seja Exu, Vovó ou outro, deveria ser favorecido em relação aos demais, levando-se em conta as particularidades pontuais dos trabalhos, declarações que se façam necessárias do guia do chefe do terreiro e circunstâncias afins.

Exus não devem baixar em giras que não são de sua vibração, mesmo não havendo crianças no salão nem Crianças na terra. Simplesmente é falta de respeito, e causa espécie a prática de casas bem-intencionadas em que eles aparecem sem cerimônia em giras de Caboclo ou Preto-Velho. Não que sejam *maus* ou *impuros*; quando são, foi o cavalo que buscou e desejou a maldade. Exu e os Exus guias que carregam parcelas da sua vibração representam a força vital, o instinto reprodutor, o instinto de conservação, noutras palavras, o primeiro chacra. Mas é uma vibração mais pesada, exigindo cores, cantos, objetos inadequados à mistura com a linha mais sossegada dos demais guias. Particularmente, Seu Caveira, por representar a nossa morte, apesar de lhe pedirem as mais variadas coisas, como poderia baixar na vibração toda de seiva da Jurema?

Os trabalhos de Criança são leves, normalmente sem malícia; não se pode pedir nada pesado. Pode-se pedir alegria, saúde, paz na família... e as Crianças têm muita força! Trabalham com abraços, por vezes velinhas, doces... Criança de umbanda, *andorinha do céu*, não devia ser confundida com erê, uma

santos, médiuns e não médiuns   45

vibração infantil, sim, mas pertencente ao orixá. Mas confundem... Normalmente foram em vida crianças que *deram passagem* até os sete anos (a chamada *idade da razão*, em que se deixa de ser *inocente*) e eram em todo caso impúberes. Conheci uma Criança que dizia ter dez anos. Mas não é a norma.

Baixando algum Exu intruso em gira de Pretos-Velhos onde já desceram Crianças, elas costumam se esconder atrás de alguma Vovó até o *rabudo* ser mandado de volta. Para as crianças de carne e osso, sempre há casos particulares e já conheci quem decidisse levar uma criança apática para um Caveira com fama de curador benzer. Este então modificou o seu *ponto* para a ocasião e cantou, em vez de *quando a pedra jorrar sangue*, as palavras *quando a pedra jorrar leite*. Dirão os céticos que o sangue seguia correndo por trás do leite. Têm razão; mas afinal são fluidos de vida ambos. A nossa morte se nutre de nossa vida e vice-versa.

Até água e fogo podem matar ou dar vida...

Guias Crianças e Exus praticamente se espelham, vêm à coroa em duplas de macho e fêmea, podem dançar com os dedos indicadores esticados: apenas o ângulo do pulso muda... Certas Crianças meninas são dengosas como Padilhas, certas Padilhas são quase meninas...

Se alguns Exus foram padres amasiados, os Caboclos raramente se dizem cristãos. Mas note-se que os Pretos-Velhos são algumas vezes descritos como *de fé cristã*. Assim, citemos o texto que acompanha o disco *Adorei as Almas!*:[15] [os Pretos-Velhos] *pautados na Moral Cristã, rezam seus rosários*... O que não deixa de ser mais um paradoxo e mais uma característica desconcertante da umbanda, abrangente como o Céu e contraditória como os seres humanos.

[15] Editado pelos médiuns do Templo A Caminho da Paz.

Resumiu José Luiz de Ogum:[16] *Aquele que se convencer que a sua forma de fazer umbanda é a única certa errará por diversas razões, mas principalmente porque se iludiu, pensando que a forma lhe pertence.*

A *vibração de orixá*

Na festa, ou até, incontrolavelmente, no xirê, o médium rodou: está com santo, baixou o orixá. Esses transes costumam ser rápidos e deixar a pessoa leve, se não estiver previamente carregada ou intoxicada. São eles que vão definindo os orixás da pessoa para ela mesma e para o templo. Só o tempo dirá qual orixá é o primeiro. Há coroas difíceis de determinar. É sempre possível apelar para os búzios, mas em termos gerais isso não se faz necessário no caso em debate. Afinal, a umbanda não *raspa* e trabalha primeiramente com os guias. O caso dos cambonos verdadeiros, que têm orixás mas não recebem santos que sugiram a precedência, claro está, é outro.

Os palpites fora da ocasião inegável do transe são todos apenas palpites. Alguns somos melhores, outros piores de palpite, vendo Oxum onde há Iansã, Iemanjá onde vibra Nanã; as Mães, vibrando todas com o elemento água, se confundem muitas vezes na percepção de quem quer adivinhar o santo. Mas só mesmo o orixá, tomando a cabeça do cavalo, é quem pode deixar as coisas claras.

Costumo dizer que a afinidade com os pontos cantados é um bom meio de ir pressentindo, o que vale para os guias também. O médium harmonizado com sua coroa acabará

---

[16] OGUM, 2006.

sabendo quem é o seu orixá pai, quem é a mãe, quem é a madrinha e quem é o padrinho. Pode ser que nunca receba um destes últimos, sem que isto signifique que não saiba trabalhar ou não seja sério.

Nem sempre o frequentador tem a percepção do santo que se desejaria; numa gira em homenagem a Oxum pode-se acreditar que, falando com o guia, está-se falando com a orixá. Tais confusões seriam evitadas se todo frequentador ouvisse uma breve palestra regularmente. Causa espécie também ver "orixás" falando português e conversando animadamente com membros da plateia, caso esse tão mal visto, felizmente raro. Quem está com a vibração de orixá baixa, que saia logo do transe e venha cambonar...

Orixás na umbanda: alguns casos particulares

Que orixás a umbanda cultua?

A linha esotérica trabalha nos padrões já mencionados. Outras casas de linha mais popular ainda assim relutam em cantar para certos orixás. Iemanjá é uma das unanimidades; Nanã não é. No nosso continente, houve migração do axé das Mães desde os rios africanos para o mar e outros locais. No caso de Iemanjá, as lágrimas do mito levaram naturalmente à água salgada do mar. Oxum e Nanã conhecem algo semelhante, e conheceram também às vezes uma confusão com Cinda do omolocô e por conseguinte uma confusão entre ambas. Digo *conheceram* porque, apesar de belos pontos cantados manterem a confusão, normalmente um terreiro que canta para Nanã não permite que a confundam com Oxum. Os pontos espelham confusões da cabeça do povo, vítima do reflexo espelhado nas águas; o orixá aceita a homenagem sincera da mesma forma.

Nanã, vibração jeje "importada" para o culto nagô pelo sincretismo[17] que se deu no Brasil, não está entre as mais conhecidas do grande público. Geralmente é vista como um orixá velho; em consequência, muitas filhas ou afilhadas temem recebê-la. Dizem que têm vibração de Oxum, por exemplo. Ora, quem tem Nanã nasceu com ela... Nanã, orixá da lentidão, da terra molhada, da lama, é uma vibração que entre nós ficou também ligada ao fundo do mar, ao fundo dos lagos onde o lodo permite ao lótus vir brotar à luz do Sol. Os estranhos peixes das águas sem luz, e que portam a luz no seu terceiro olho, navegam nas suas águas — não é à toa que Nanã representa a sabedoria. O fundo das águas representa morte e vida, e Nanã é uma das vibrações que nos acompanham na última viagem. Nanã é uma guardiã dos mistérios da vida, é Mãe da raiz do mundo, Mãe dos segredos primordiais dos velhos mares de onde os primeiros seres saíram.

Obaluaiê e seu avatar Omolu, nos mitos o filho rejeitado de Nanã, está ausente de algumas casas, não por esquecimento ou desconhecimento, mas por voluntária omissão. Chega-se a ouvir: — *Pra esse, a gente não gosta muito de cantar...* Conheci um caso assim, e se passou a cantar para ele por ordem do guia do zelador. Outras se lançam em complicadas ginásticas explicando que Omolu não é Obaluaiê e sim um orixá maléfico da quimbanda. Tais reticências provêm da ligação de Omolu com a doença epidêmica que se

---

[17] Existe uma tendência crescente a denunciar o sincretismo no candomblé. Porém ele está sendo mais identificado ao catolicismo (ver entre outros Prandi). Há diversas influências de nação a nação, a do queto em direção ao candomblé angola (chamada às vezes *ketulização*) sendo apenas um exemplo.

santos, médiuns e não médiuns   49

manifesta na pele antes de matar, como a varíola, ontem, a síndrome de imunodeficiência adquirida, hoje. Pode vibrar em qualquer doença de pele, mesmo não contagiosa e muito menos mortal. Ora, excluir Omolu do xirê por esse motivo é o mesmo que excluir a barriga do corpo humano porque nela estão os intestinos. Não adianta tapar os olhos; Omolu também rege os cereais que mantêm a vida, como rege a saúde, contrapartida da doença. Os grãos na pele se replicam nos grãos da espiga. Fome e abundância, saúde e doença, morte e vida podem se transformar rapidamente um no outro e vice-versa. Por isso Omolu tem dois aspectos. Os chineses veriam nele a perfeita representação do yin-yang...

Folhas de Nanã

As flores e folhas roxas são suas, como a modesta trapoeraba. A renda-portuguesa ou feto bebe muita água, mas tem folhas ásperas e acinzentadas que secarão muito lentamente, sem ter murchado. Nos manacás coexistem flores brancas, lilases e roxas, que duram três dias, cada dia uma cor; esta capacidade de carregar o velho e o novo, que vem da essência da orixá, aparece noutras folhas, como a avenca, que pode rebrotar verde e nova de uma fronde ressecada que aos poucos se renova.

Obaluaiê na umbanda desce diferente segundo os cavalos. Numa mesma gira uns desmaiam, outros mais "carregados" roncam e babam. Outros podem manifestar um Omolu dito *de nação* e dançar, agitando a mão como se fosse o xaxará sagrado. Não é uma manifestação como, por exemplo, de Iansã, em que todas dançam parecido. Não é fácil carregá-lo.[18]

[18] E é bom frisar, a respeito da movimentação própria aos orixás, que ela muitas vezes difere radicalmente da umbanda para o candomblé. Alguns descreverão os movimentos deste na hora da dança, outros descreverão os desta; todos podem comprovar quais são comparecendo a alguma sessão num ou noutra.

Ossãe assusta talvez mais ainda. Esse é outro de quem em algumas casas de umbanda se ouve: — *Para esse também, a gente não gosta muito de cantar*. Quando confundido com uma entidade maléfica batizada de *Doninha do Mato*, inspira pavor. Nada a ver com o animal doninha, inexistente no Brasil. O gênero ambíguo de Ossãe, por vezes feminizado em Ossanha, e o fato de o mato ter *donos* criaram o mito. É absurdo ter medo do mato como mato, ver no conjunto de plantas um lugar nocivo à saúde. É atitude de quem não ama a erva com que vai querer se banhar. Muita gente no afro-brasileiro quer a folha pronta, fresca na feira ou seca em caixinhas nas casas de velas, e não quer se preocupar nem com o modo como brotou nem em preservá-la. Outros nem isso; tomam os banhos quando prescritos e não reconheceriam a folha nem pisando em cima.

J. M. Bitencourt definiu Ossãe como *uma força importantíssima dentro da umbanda*. Chagas Varela também reconheceu a sua força. Acredito que o temor e a "Doninha" sejam contaminações dos mitos indígenas de seres perigosos, ambíguos, como o Caapora ou o Jurupari, que protegem a mata e/ou a caça. Respeitando-se a mata, a caça e a folha, não haverá malévolas *Doninhas*...

O Canto de Ossanha

Impossível não lembrar de Baden Powell, que no final da vida, convertido ao neopentecostalismo, não mais cantava o afro-samba.

Penso que a letra: "no canto de Ossanha não vá, que muito vai se arrepender..." sofreu influência da crença descrita acima, e que também alude às meizinhas e aos banhos para atrair o amor ilusório.

Oxóssi na umbanda mal se distingue dos Caboclos, devido ao arco. Como eles, come mel. Em casas que não cantam para Ossãe, ele é visto como o dono da mata e da folha também; e é chefe de uma falange na umbanda esotérica.

Ogum, que nos mitos escolheu viver com Ossãe na mata, é objeto de um respeito particular por ser o orixá que corresponde a São Jorge, o *padroeiro do Brasil*. Tendo-o ou não na sua coroa, os "filhos de branco" lhe fazem na véspera do seu dia uma vigília, aparecem nas festas de terreiro ou na *Alvorada de Ogum*, que nada mais é do que a cerimônia realizada de manhãzinha pelos freis católicos. Traficantes cariocas saúdam o seu dia com fogos em horários matinais, correspondendo ao da Alvorada, distintos dos que avisam que a *"mercadoria* chegou".

Certamente por São Jorge na Bahia ser assimilado a Oxóssi, nota-se por vezes nos pontos cantados alusões à Lua Cheia. No Rio de Janeiro não se cantariam pontos que abertamente associassem o orixá Oxóssi a São Jorge; porém a Lua brilha em alguns, como *A mata estava escura, veio o luar e clareou!* e outros ainda.

Alguns dos pontos de Oxóssi na umbanda traduzem a assimilação aos Caboclos, mais pronunciada em casas de linha esotérica, um tanto menos em casa de linha mais banta. Mas os pontos são os mesmos, e veremos alguns a seguir.

Pontos cantados & pontos riscados

Pontos cantados: generalidades

Os pontos cantados de umbanda normalmente brotaram e brotam de forma espontânea, o guia trazendo o ponto que se espalha por dezenas de terreiros com as migrações de médiuns e ogãs.[19] São sempre cantados em português. Certos guias novos compõem muito, outros gostam de determinados pontos existentes. Ao contrário dos pontos do Daime — que são longuíssimos, favorecendo e favorecidos pelas *mirações* da ayahuasca —, os de umbanda são breves. Mesmo quando ambos vêm falando de orixás, não há confusão possível. Outra possibilidade é o guia obrigar o cavalo a aprender o ponto novo fora da gira, sem aviso. Um pai de santo aposentado escrevera certo dia um ponto interminável para Caboclo; podemos ver nisso uma nítida influência vibracional, via Caboclo, da erva sagrada que é a ayahuasca, erva que ele sabia existir, mas que nunca tomara.

---

[19] Sempre que o presente texto se referir a *ogãs* estaremos falando de ogãs trabalhando *na umbanda*: a pessoa responsável pelo toque de tambor no ritual. As funções dos ogãs no candomblé podem ter sentido muito mais lato.

Hoje existem festivais de pontos. Nestes, geralmente os compositores são ogãs. Há quem prefira os pontos trazidos pelos guias. A brevidade talvez lhes confira mais força. Ponto tem que ter cara de ponto... Quanto à autoria, para que fingir que não existe uma certa desconfiança mútua entre quem *recebeu ponto* e não saberia compor e quem não recebeu ponto nenhum mas compõe?

Existe uma contaminação, por outro lado, entre sambas-enredo e alguns pontos cantados. Nem sempre se sabe o que veio de onde. Por exemplo, pontos de Tranca-Rua, como *Ó luar, ó luar, ó luar!*, foram parar na escola de samba. Seu Tranca-Rua, Exu animado e mulherengo, não deve ter achado tão ruim...

O ponto mais notável de Seu Tranca-Rua a meu ver é o do Povo Chinês de Umbanda, por ser na origem um ponto de Almas, segundo Molina. O ponto, *cruzado* para Xangô, também hoje foi *traçado* para Tranca-Rua. Não é rara a migração de pontos de Exu para Almas e vice-versa. Mas este Povo Chinês da Umbanda desbotou a tal ponto nas mentes que, com menção de Xangô e tudo, foi parar na gira de Exu; isso quando lembram de cantá-lo em algum terreiro. Foi determinante a menção *fecha caminho* que acredito ser a original; assim consta em Molina, que deve ter mantido distância do verbo trancar. Mas a ideia foi mais forte e hoje cantam em gira de Exu:

O caminho está trancado,
foi meu povo que trancou,
saravá Buda e Confúcio,
saravá meu pai Xangô,
saravá Povo Chinês
que trabalha direitinho,

saravá lei de umbanda,
saravá eu, tranca caminho...

Existe uma discussão em curso sobre a pertinência de se gravarem pontos de candomblé ou umbanda fora do contexto religioso. Creio que gravá-los com amor e respeito, como o fez Clementina e o faz Maria Bethânia, não seja nocivo, antes pelo contrário. Tomando um mesmo conhecidíssimo ponto de Oxum: *Eu vi mamãe Oxum na cachoeira, sentada na beira do rio...* é possível inseri-lo num disco profano de forma respeitosa, como o fez Zeca Baleiro, que misturou a sua voz com a de um pai de santo maranhense de Codó e arrematou com outro ponto da Mãe d'Água. Ou pode-se, como tive o desprazer de ver um notório grupo de teatro de rua fazer na arena da Lapa, representar um bêbado cambaleando e transformar tudo em palhaçada.

É evidente que uma gravação assim se poderia ouvir em momento impróprio, como a Quaresma ou a Hora Grande. Ninguém acredita porém que pôr o disco para tocar vai homenagear por si só a entidade... nem ofendê-la tampouco, como no exemplo dado acima. Ninguém se veste de branco para ouvir disco. Gira é gira, gravação levada tão a sério no máximo é pesquisa...

Embora ao escutar o ponto se poderia desejar do ouvinte uma atitude serena... Se não, para que foi escolher aquele disco?

Mais sério seria tocar em local impróprio. Porém, pela sua natureza, os pontos cantados têm muito pouco a acrescentar aos que gostam de lugares enfumaçados e barulhentos ou de festas *rave*. Bem, isso até onde se nota e se sabe. Que não vá pegar a moda!

56   umbanda gira!

A voz dos pontos: pontos mudos

Triste é quando a melodia de um ponto se perdeu. Pior é saber que deve existir gente que sabe cantar, mas onde? Coletâneas de pontos, ou trabalhos como o de N. A. Molina, que listam centenas deles, servem de registro histórico da letra quando não há quem lembre da música. Fica então mudo o ponto. O que é de cortar o coração.

A pauta, linguagem universal, ainda que restrita a quem a estudou, ajudaria. A pauta é como o nome científico das ervas: é para ser entendido em qualquer lugar. Sem dúvida é mais difícil achar quem solfeje a pauta do que ler o latim: para isso basta ser alfabetizado. Mas, com pautas, os livros mencionados não estariam cheios de pontos que ninguém conhece...

O referido trabalho de Molina tem servido de ponto de partida a uma pesquisa no sentido de dar voz aos muitos que estavam mudos. Com isto, não só já se registraram mais de vinte dos ali coletados, como no embalo outros tantos foram coletados. Já se conseguiu obter, também, a pauta de alguns, coligidos ou não por Molina. Sete ou oito pautas serão uma gota d'água, mas há dois anos atrás nem estas poucas havia... Estes pontos estão em anexo no final.

Um argumento ouvido para *não* registrar a pauta é que os pontos, como os médiuns, tendem a migrar para um santo diferente ou para letra, melodia ou tom diversos. Mas assim ocorre com a música popular. As quadrinhas brincam de quatro-cantos, isso faz parte. Seria o caso de registrar as variantes... A melodia, quando muda, muda pouco. Não seria nenhuma tarefa hercúlea para quem soubesse escrever música.

Mais frequente é um ponto de Almas ou de Caboclos passar para Exu e vice-versa. Há Exus que gostam muito de pontos cantados & pontos riscados 57

cantar e até de compor. Afinal, Exus são entidades yang, e a criatividade, como a expansão, é característica yang... Outra mutação é o ponto servir para uma coisa aqui e outra lá. Um ponto cantado em gira de Preto-Velho, *Capim d'Angola*, por sinal com a melodia de conhecido ponto de Exu Caveira, num lugar é só dos Pretos-Velhos, noutro é *ponto de advertência* quando há algo errado na gira destes. Há também um Exu que gosta de determinada canção romântica, do tipo seresta...

Pontos cantados de orixá

Já se mencionaram as confusões do povo ao criar pontos[20] para certos orixás. Quem saberia dizer se foram criados verdadeiramente ou canalizados? Neste caso, o santo aceitou a confusão existente na cabeça do cantador e se valeu do vocabulário que ele possuía. Um dos pontos mais conhecidos para Oxum na umbanda, que não canta normalmente para Oxumaré, é totalmente errado do ponto de vista da doutrina; nem por isso deixa de ser bonito nem de ter vibração: trata-se do *Ora aiêiê, aiêiê mamãe Oxum...aiêiê mamãe Oxum, aiêiê Oxumaré...*

Nos terreiros de umbanda antigos, longe dos preceitos mais rígidos do candomblé, o analfabetismo era abrangente, os mitos e nomes de vibrações se misturavam, mas a boa vontade dos médiuns e a força dos guias supria tudo... Todas as Mães d'Água, como já dissemos, se confundem um pouco no imaginário popular. Em Olinda, um artista plástico resol-

---

[20] O uso do termo para os orixás remete imediatamente ao português e à umbanda. No candomblé não se chamam assim. A umbanda fala de *pontos* para guias como para orixás também.

veu trazer para o seu jardim, voltando-a para a rua, uma estátua de mulher lavando que ele achou bonita. Em pouco tempo havia oferendas ao pé dela, e estava dado o início da *Festa da Lavadeira*. Que orixá seria na cabeça de quem as trouxe, Iemanjá ou Oxum? Esta tem uma *persona* de lavadeira, num de seus mitos. Sim, mas estamos em Olinda e a Rainha do Mar é Iemanjá, que, desterrada de seu rio africano, veio misturar as lágrimas salgadas às ondas do mar. Mas há pontos de Oxum em que ela está no mar. Pior, há pontos de Oxum em que ela é Iemanjá ou Nanã ou todas três. E são bonitos!

Na África nenhuma das três é do mar, do mar é Olokun, orixá masculino, que não toma a cabeça de filhos. Aqui, mães de santo do candomblé explicam que veem energia de Nanã no fundo do mar e de Iemanjá à flor da onda. Mas não haveriam de faltar na umbanda, e não faltaram, pontos diversos para Iemanjá falando da areia no fundo do mar. *O sobrado de Mamãe é debaixo d'água, debaixo d'água por cima d'areia...* para citar um só, num punhado contrastante.

Atraca, atraca...

Este ponto de Nanã é conhecido: "é Nanã, é Oxum, é sereia do mar, eh-ah..."

E este é outra versão dele: "é Nanã, rainha do mar, é Nanã, mamãe Iemanjá, é Nanã que eu vou saravar, eh-oh..."

E este fala da nossa passagem: "...quem vai me valer? Me embalando nos braços é minha mãe Cinda, Nanã Buruquê!"

Além das confusões orixá-orixá, há também confusões orixá-guia: *Caboclo roxo da cor morena, ele é Oxóssi, caçador lá na Jurema...* Já foi dito que, no imaginário popular, Caboclo e Oxóssi nem sempre se distinguem muito bem.

A continuação do ponto mostra bem a grande influência indígena na umbanda: *ele jurou e tornou a jurar de seguir os conselhos que a Jurema vem lhe dar!* Inconsciente ou não, etimologia popular ou não (Jurema/jurar), a influência está aí.

O ponto *Quem manda na mata é Oxóssi e Oxóssi é caçador...* como o anterior, se canta para Caboclo. Para espanto, aliás, de portugueses visitantes que assistiam à gira festiva da praia e viam baixar entidades que certamente não eram o orixá.

Um hábito arraigado da umbanda é designar alguns orixás pela sua saudação, como dizer *Seu Atotô*. Ou como no ponto de Nanã: *se a minha mãe é Saluba, é a orixá mais velha do céu...* Como sempre, são aqueles que assustam um tanto: os de origem jeje. Teme-se aquilo que se conhece mal. Orixás nagôs são mais bem conhecidos. (Ossãe nunca é chamado de "Seu Ewé" nem nada parecido; mas podem aludir ao *dono da folha* ou *dono da mata*. É a danosa "doninha" em gestação...)

Pontos riscados

Tira daqui, mizifi, tira de lá, no gongá, olha a pemba de pai Oxalá...

Umbandistas afinal são *filhos de pemba*. Este giz de origem africana, hoje fabricado no Brasil, tem diversos usos nos cultos afro-brasileiros e dentro da umbanda um deles é servir aos Pretos-Velhos para riscar os pontos.

As pembas podem ser de várias cores, *pemba branca, pemba preta, pemba encarnada...* mas de longe as mais comuns, empregadas por quase todos os guias e médiuns, são as brancas.

A norma é riscarem os Pretos-Velhos os seus pontos numa tábua, às vezes no chão; e os Caboclos, Boiadeiros e Crianças o mais das vezes não riscarem nenhum (embora o *Olho do Sol*, traçado com pemba branca segura entre dois artelhos, rodando no calcanhar, seja um ponto que os Boiadeiros gostem de riscar). Pemba é um artefato de origem africana: não tinha por que falar n'alma a guias de origem indígena. Os Boiadeiros são mestiços, podem ter mais influência de pemba.

As pembas de um guia, claro está, não servem para outro. Muitas casas que recebem os guias não lhes dão tempo de riscar ponto algum porque não haverá consulta, apenas uma vibração de limpeza e luz.

Nem todo Exu risca ponto; e menos ainda as irrequietas Pombagiras. O já mencionado guia da linhagem dos Caveiras reproduz, junto com outros símbolos, as fases da Lua em ordem horária, havendo no Sul, no lugar da Lua Preta, um ser humano de cabeça para baixo, representando morte e renascimento.

É impossível registrar todos os pontos de pemba e querer determinar que todos sejam necessariamente como os registrados. Bitencourt fez um trabalho sério nesse campo, mas que não poderia ser exaustivo, estudando os Pretos-Velhos.

É comum o círculo fechando o desenho por fora; é menos frequente o grande triângulo dentro do círculo, e geralmente indica influência de Povo Cambinda. Existência de um ou mais tridentes pode significar que a Vovó é *traçada*, e podem coexistir com cruzes no mesmo ponto. Mas a Vovó também poderia ser *traçada* e, esperta, não riscar tridente... Na verdade cada elemento usado tem pelo menos um significado,

pontos cantados & pontos riscados   61

podendo haver várias camadas de leituras. O ponto riscado corresponde à personalidade de quem baixou ali.

Guias que não riscam ponto podem marcar o seu lugar com objetos ritualísticos, fitas, sementes simbolizando crescimento e vida, ponteiros, coisas que assinam seu nome como se ponto fosse. Até algumas Crianças fazem isto com figurinhas ou papéis coloridos, colocados sempre na mesma posição a cada vez. Outras querem *riscar* no açúcar derramado no chão; quem costuma não gostar nada é o zelador e muitas vezes na casa é proibido...

Quando o guia já se foi, a primeira coisa que o médium deve fazer é apagar o ponto. Em caso de ponto de Exu, com cachaça. É respeito ao guia, aos que por acaso pisassem sem querer na marca abandonada, e acima de tudo é algo que não tem motivo para estar ali se quem riscou já se foi.

Há pontos cantados de Exu para pemba, não apenas de Oxalá. Um deles, de firmeza do trabalho, se encontra no anexo. Afinal, Exu abre todos os trabalhos, até gira de Criança...

Assinatura líquida: as bebidas

Não se trata aqui dos *curiadores*[21] que o cavalo incorporado tomará e até oferecerá a algum consulente. São as oferendas aos santos, no gongá ou noutro local: serão consumidos apenas em vibração.

Aí, em muitas casas tradicionais, cabem na oferenda sete ou nove taças, contendo, no caso estudado, e que pode ter variações noutros locais: água da melhor qualidade possí-

---

[21] O verbo de origem banta *curiar* significa geralmente beber e às vezes comer.

vel (Oxalá); água mineral gasosa (Iemanjá); cerveja comum (Ogum); vinho tinto (Oxóssi); água de cachoeira (Oxum); água de chuva (Iansã); cerveja preta (Xangô); vinho tinto (Obaluaiê); guaraná ou água com açúcar (Crianças). A bebida mais pura para a vibração de Criança é a água com açúcar, que algumas delas chamam de *água doce*. O refrigerante contém mais química. Em nenhum caso se deve oferecer guaraná dietético à Criança que baixou, mesmo o médium (geralmente uma médium) tendo pedido, e muito menos usá-lo na vibração de oferenda que vai para o conjunto de Crianças. Note-se a poesia da água borbulhante e levemente salgada para Iemanjá. Salgada como o mar ou as lágrimas. As bolhas podem representar lágrimas ou pérolas. Ou ainda o movimento.

Querendo usar sete copos, é possível substituir as várias águas das Mães por um coletivo copo de Malzbier, "*porque nutre*", uma alusão direta à Mãe nutriz, reforçada pela fama que tem esta cerveja de produzir leite abundante. O que resolve o problema do copo de Nanã: ou entra ela ou entra o filho, para não quebrar a magia do número. Se ela vai receber um copo só para ela, pode ser água coletada em algum laguinho ou lagoa. Pois ela é da terra molhada mais do que da água.

Mesmo em caso de se usar sete copos, as taças com as águas individuais podem estar presentes, sentindo-se a necessidade, noutro lugar.

Cachaça nunca vai no gongá, mas está presente: vai na casa de Exu ou, em todo caso, do lado de fora. Exu é servido antes dos outros, sempre.

Os pontos são formas de o guia manifestar o seu jeito de trabalhar, a sua vibração. Nas bebidas, o orixá, que na umbanda não costuma trabalhar com pemba nem voz, tem a sua vibração simbolizada em momentos especiais.

Pompas e circunstâncias

Cozinhando para o santo

Nem só de bebidas vive a umbanda. Embora poucos guias incorporados em seus cavalos comam, com a barulhenta exceção das Crianças, ainda assim há alimentos rituais a serem oferecidos em momentos definidos e de forma precisa. Na casa das Almas vai o mingau branco, que se deve deixar esfriar, como todo alimento votivo. Alimentos de Xangô podem estar ainda mornos, o resto é servido inteiramente frio. Aliás, é nas festas de orixá que impera a variedade, comendo o orixá sempre antes do salão e Exu sempre antes do orixá. Havendo quem goste de cozinhar, havendo meios e, mais ainda, havendo quem tenha estudado a ritual *comida de santo* africana, a coisa pode ir longe.

Não se trata de criticar o zelo e a arte de ninguém. Porém não se pode exigir que os *aparelhos*, recebendo minguados salários, e às vezes salário nenhum, uma vez por mês, em média, cheguem trazendo fartos pesos de alimentos que normalmente não têm como adquirir para si. Lembremos que aqueles homens e mulheres não recebem dinheiro algum ali;

pelo contrário, possivelmente pagam *salva* ao terreiro, e está certo que o façam. Uma solução seria os que vêm de carro trazerem as compras e todos darem uma pequena quantia. Quem desejar dar mais, que dê, colaborações são bem-vindas sempre. Se alguém não puder contribuir nem com o estipulado, ofereça mais trabalho na hora de preparar, mas todos devem pôr a mão na massa. Se devido a isso a festa for menos esplendorosa, paciência. Cante-se com mais amor ainda, então. A umbanda, como a crase, não veio para humilhar ninguém... E bom seria ter sempre em mente o prólogo do hino, *doçura da vida para aqueles que não têm*. Omolu, que, segundo o ponto, *trocou palácio de nobre pela casa de sapê*, se satisfaz plenamente com pão no vinho tinto se for dado de coração, junto com as suas *flores*.[22] Iansã aceita frutas e acarajés sem necessariamente haver pratos caros de camarão.

E assim todos os orixás...

Cheguei!

Por serem os grandes comilões da gira, as Crianças merecem um exame mais detalhado. Curioso é que o que a Criança devora não faz o médium engordar, ela queima todas as calorias. Entretanto, não se pode dizer o mesmo da cachaça que alguns guias tomam em quantidade e que acaba fazendo mal ao cavalo. Mesmo assim, a festa de São Cosme e São Damião acontece uma vez por ano. Entupir-se, quando incorporado, toda semana de doces e contar com as Crianças para cuidarem de tudo talvez não desse tão certo.

[22] A pipoca ritual constitui as *flores de Omolu*, que seus filhos são proibidos de comer a não ser no dia da festa.

Médiuns diabéticos, porém, deveriam pisar com muito cuidado, talvez doutrinando a Criança para aceitar frutas e coisas mais leves. Geralmente Crianças adoram fruta, às vezes qualquer uma e às vezes só de um tipo. Algumas gostam de pão seco, do tipo dito francês, e enchem o salão de migalhas — mas descomplicam a vida do médium na hora de trazer o mimo da rua.

É comum a Criança comer coisas que o cavalo detesta: doces melosos e cheios de corante ou doces específicos de que ele possa não gostar, como de abóbora ou maria-mole. Mas há aquelas que se excedem e desejam pasta de dentes na bolacha. Contam de uma que teimava em encontrar alguma barata e sistematicamente a comia deste modo, como num canapé.

Não creio que a prática possa ser saudável. Para início de conversa, não se deveria deixar a Criança vagar pelo terreiro todo à cata de alguma barata ou por qualquer outro motivo, nem para colher frutas sozinha. Agora, se é dentro do salão que ela encontrou um inseto desses, a casa está mal cuidada, tanto na higiene como na vibração. Baratas canalizam cargas e astral pesado, sua presença é mau sinal. E acima de tudo, um médium que não doutrina a sua Criança para que deixe de comer porcarias pela sua boca, no fundo parece que deseja se punir por algo. Quanto à Criança... crianças saudáveis não comem baratas na bolacha, nem por cima da pasta de dentes. Se a Criança ainda vem à Terra é porque a sua *passagem* prematura não resolveu todo o "saldo devedor" de suas vidas passadas. O médium deve procurar ajudá-la, e não apenas esperar dela ajuda.

Ainda há Crianças que podem querer comer flores, por exemplo, rosas. Será poético mas também não deve ser incentivado, pelo menos no caso das rosas que recebem doses elevadas de agrotóxicos. As rosas são, sim, perfeitamente comestíveis, geralmente em forma de geleia ou doce cristalizado. Mas no nosso país quase nunca são levadas à mesa, a não ser por alguns confeiteiros mais requintados. Exatamente por isso, não há quase controle sobre o que põem nela; não sabemos se a Criança queima o veneno no organismo do médium como queima o açúcar. Meu palpite é que não consegue. Açúcar, por mais males que provoque, é uma substância energética natural, daí se evitar dar guaraná dietético e daí a *água doce* ser a melhor bebida nessas horas. Criança e veneno não pode dar certo. Melhor, diante de um pedido do tipo, deixar a poesia de lado e dar a ela um copo inquebrável com as flores pintadas.

Rodando a baiana

A umbanda vestir branco, já se disse, é um dos parâmetros definidores; irmãos do Norte que chegam ao terreiro por vezes estranham, lamentando terem de guardar vestes rosas, azuis ou de outras cores. Começar o terreiro a se ver invadido por saias armadas e coloridas de outras linhas pode ser sinal para o alerta laranja, sem trocadilho.

Em algumas casas, este quadro seria de todo impossível, pois se exige um uniforme, não raro com o nome do terreiro pintado ou bordado no bolso. Mulheres de saia, e às vezes ambos os sexos de jalecos iguais.

Em muitas outras não há uniforme, uniforme é a cor. Ainda assim, as mulheres devem usar saia. A maioria procura blusinhas brancas bordadas em vez de camisetas; se faz frio, manga comprida branca por baixo ou xale branco por cima. Algumas Vovós querem saia *carijó*[23] e alguns Vovôs pedem camisas desse pano: o preto e branco é associado a Omolu, por sua vez associado às Almas. Vai depender do terreiro o médium entrar na gira já com a roupa do guia ou não. E é habitual, quando não obrigatório como preceito, estarem as mulheres de calçola branca comprida por baixo da roupa, caso venha uma agitada Criança no fim da gira. Homem que sabe que vai trabalhar com guia mulher, como uma Vovó, entra na gira de roupa branca comum. Depois a Vovó estenderá um pano por cima das pernas do *aparelho* ou lhe passarão uma saia pela cabeça. Mulher que sabe que vai trabalhar com guia homem tem calça branca comum, não uma calçola, por baixo da saia, a menos que lhe permitam entrar na gira já de calça branca. Algumas recebem o guia homem e trabalham com ele de saia branca longa e reta, o mais parecida possível com uma calça simples. Depende do guia e do terreiro.

Crianças meninos em cavalo mulher costumam reclamar muito da saia; ou vestem algo por cima desta ou pedem a uma cambona que prenda com alfinetes de segurança, pois raramente a calçola é concebida para prescindir da saia.

Como já se disse, há muitos casos em que os guias não chegam a dar consulta, não havendo necessidade de indumentárias especiais além do branco a rigor. As *guias* ou fios de conta no pescoço, representando o axé dos santos, mesmo assim podem ser norma da casa, ou não.

---

[23] Preto e branco de quadradinhos miúdos.

A hora dos orixás

Na umbanda os orixás raramente vestem roupas especiais e nunca são acompanhados para fora do salão para voltarem vestidos de modo diferente. Se há de haver algum acréscimo seguindo a incorporação, ele se fará à vista de todos. Pois é normalmente um acréscimo, e não em todos os casos. Para começar, seria na festa unicamente, uma vez por ano. Durante o desenvolvimento, alguém receber Oxum não significa que se vá sair correndo para providenciar uma saia azul,[24] nem amarela. Ogum em seu dia pode gostar de brandir uma espada metálica ou colhida no jardim do terreiro; geralmente faz saber isso de antemão ao cavalo. Pode querer, ou o cavalo querer lhe dar, um elmo semelhante ao de São Jorge ou uma capa. Por causa do vínculo entre Ogum e defesa, inclusive do terreiro, são esses provavelmente acréscimos entre os mais representativos e frequentes, ainda que de forma alguma obrigatórios. Obaluaiê incorporado no cavalo muitas vezes tem a cabeça coberta por cambonos ou zelador, mas isto pode ser feito com a toalha branca do médium.

A toalha branca

Chegamos a uma peça fundamental. Podemos estar falando inclusive de duas, uma pessoalíssima e só para a cabeça, a outra de uso geral, quase coletivo.

Por vezes tão minguada que mais parece paninho de enxugar suor, a toalha branca, geralmente usada do lado es-

---

[24] Como se sabe, algumas cores variam do candomblé para a umbanda, em que amarelo é uma cor de Iansã e azul claro, de Oxum.

pompas e circunstâncias 69

querdo, serve para a saudação ao altar — o gongá ou peji — e para muito mais. Pode conter braçada de ervas, separar roupa mais limpa da suja ao final da gira, pode ajudar a segurar o médium ou membro do público cambaleante que sai do transe: não se deve pôr a mão no corpo alheio nesses casos e menos quando se trata de pessoa da assistência. Geralmente o pano não é de atoalhado, mas de algodão resistente e fino. Tradicionalmente deveria medir um pouco mais do que a altura do médium, e acontece usarem-na como um pano da costa, no ombro. Apesar dos usos múltiplos, não é transferível de pessoa a pessoa e geralmente leva alguma marca identificadora.

A toalha de cabeça, quando existe, é naturalmente muito mais pessoal e o dono a protege de todas as formas. A frequência do uso varia de acordo com o preceito da casa. Pode levar banhos de erva para purificação.

O uso do branco na umbanda pode ser comparado ao uso do branco no cardecismo, no bwiti africano e nas linhas de magia branca no Haiti; nesse caso pelo menos e no da umbanda, existe uma identificação com a cor de Oxalá, entre nós associado às Almas. O branco é a cor que contém todas as outras, como todos os orixás estão contidos em Oxalá. É curioso notar que cada vez mais nos enterros e cremações brasileiros os presentes vestem branco ou cores muito claras, sem dúvida por influência do espiritismo tradicional e da umbanda entre nós.

Cara-Suja,
Quaresma e outros momentos

Abrindo o ano

O terreiro ou Centro Umbandista abre tradicionalmente no dia 20 de janeiro ou muito perto deste, para festejar as matas e as folhas na festa de São Sebastião, identificado com Oxóssi. Quando a casa bate para Ossãe, comemora os dois juntos até porque São Benedito tem a sua festa pela mesma época. Muitas vezes é uma gira festiva de Caboclo em que podem baixar eventualmente também Pretos-Velhos. A partir dessa data, as giras e demais atividades, suspensas no Centro Espírita no período de fim de ano por duas ou três semanas, retomam normalmente, o que significa quase sempre uma vez por semana no mínimo.

Pode ter havido, antes disso, abertura de ano na praia ou na mata, seja uma cerimônia aberta ao público precedida por outra fechada ou uma cerimônia reservada aos membros. Muitos terreiros simplesmente descansam no período, alguns realizam uma cerimônia ao ar livre no dia 30 de dezembro e deixam os médiuns à vontade na virada do ano. No caso do Rio de Janeiro, a crescente comercialização da festa praieira, que a cada ano chama mais pessoas, mais vendedores de cerveja, mais foguetes e fogos, mais palcos para artistas e por tabela para as autoridades da prefeitura e patrocinadores, tem levado muitas casas dessas a escolher o dia 29 ou 30, o que está em passe de se tornar uma nova tradição, puxada pelo esforço e determinação de alguns. Mas há terreiros que preferem a virada do ano em locais tranquilos e distantes do Centro e de Copacabana, onde não chega a imprensa ou, se chega, não permanece.

Os curiosos e fiéis que escolhem visitar a praia no dia oficialmente reservado à umbanda têm a opção de ficar perto do palco e dos microfones até a hora do barco de Iemanjá ser posto na água ou de circular pelas rodinhas que se formam, como sempre se formaram, ao redor dos atabaques ou às vezes só das palmas e cantos de tal ou tal Centro. É uma oportunidade de ouvir pontos esquecidos e comparar o respeito aos fundamentos. Não falta quem aproveite para tomar uma bênção ou pedir um passe.

Mas tendo realizado ou não uma gira festiva ao ar livre, o calendário do terreiro é outra vez interrompido, mais ou menos rapidamente segundo os anos, pela semana do Carnaval. A *Cara-Suja* da umbanda.

Lembrança dos carnavais de outrora

A expressão não alude à cara efetivamente suja de suor e confete do folião, e sim à tradição quase desaparecida, e vinda de Portugal, de caras esfregadas pelo dono ou por outras mãos com graxa, farinha de trigo ou outras substâncias.

Uma série de recomendações cerca a chegada do Carnaval, visto com certa desconfiança por muitos Pretos-Velhos mais sisudos. A principal é a proibição feita ao membro do terreiro de usar máscara, proibição que aliás vale o ano todo em qualquer circunstância. Máscaras pertencem a Exu e os *filhos de branco* não têm força para usá-las sem riscos. O termo *Cara-Suja*, usado com desdém pelos Velhos, prestes a se retirar até depois da Páscoa, sugere uma assimilação da substância aplicada ao rosto, mascarando-o, ao objeto máscara usado por cima dele.

É interessante notar que sensitivos de muitas tradições, ou mesmo de nenhuma, sentem uma energia negativa na máscara usada como objeto de decoração. Outros ainda acreditam que todo objeto dotado de olhos pode canalizar maus fluidos; os buracos que a máscara tem no local dos olhos nesse caso remeteriam às caveiras: os fluidos seriam então fluidos de morte.

Terreiros mais tradicionais pedem, ainda, ao membro que gosta de folia que não acompanhe bloco, não participe de desfile, mesmo antes da abertura oficial, sem primeiro ter oferecido a Exu, no local adequado, um singelo padê de farinha de mandioca amassada com dendê. O correto seria oferecer o padê de todas as formas no início do Carnaval, ainda que não se vá desfilar.

O Carnaval abre um ciclo de energia mais pesada, regido praticamente só por Exu, em que os outros guias protetores não estarão disponíveis para valer à pessoa. Nas casas de velas ou artigos religiosos, é notório o sumiço de alguidares pequenos e médios na semana que antecede o Carnaval; os tamanhos mais cobiçados acabam logo e sobram na prateleira, para o incauto, um ou dois dos muito grandes, mais caros e principalmente difíceis de carregar.

Um levantamento, caso pudesse ser feito nos pontos de venda, mostraria sem dúvida que muitos compradores de alguidar pertencem também ao candomblé, que pode usar outros tipos de oferenda a Exu. Os padês oferecidos a este valerão para todo o ciclo Carnaval-Quaresma. Como definiu um antigo zelador, *se ele é o dono da Quaresma, é bom alimentar antes que chegue a Quaresma.*

O tempo de Quaresma

A Páscoa, festa lunar e portanto móvel, determina um vasto ciclo de datas católicas e sempre será próxima à Lua Cheia, pois cai no primeiro domingo após a primeira Lua Cheia posterior ao equinócio, seja o de primavera, como em Roma e Niceia, seja, como aqui no hemisfério sul, o de outono. Já o Carnaval, por conseguinte, será sempre próximo à Lua Nova.

A Quaresma inclui os quarenta dias entre as Cinzas e o Domingo de Ramos. Porém a semana que então se inicia e vai até a meia-noite do Sábado de Aleluia a prolonga. É um período que a Igreja Católica reservou para expressar os sofrimentos de Cristo, que culminaram na semana de Trevas, ou seja, nos dias que antecedem a Paixão, entre os Ramos e esta. Nesse período a Igreja exigia, e em tese ainda exige, que o fiel chamasse a si o espírito de sacrifício de Jesus e não comesse carne vermelha, não contraísse matrimônio — presumivelmente, não mantivesse relações sexuais — e não participasse de festas ruidosas. O Carnaval, antes de exibir egos e silicone numa sociedade permissiva o ano inteiro, permitia virar os valores de ponta-cabeça por três dias e respirar fundo antes do mergulho obrigatório na austeridade. Comer carne durante a Quaresma, como se sabe, podia ser

cara-suja, quaresma e outros momentos 75

o primeiro passo dado em direção à fogueira da Inquisição, pois levantar-se-iam suspeitas de judaísmo sobre o culpado; e espião sempre havia algum.

A Quaresma é uma das marcas mais fortes que o sincretismo com a religião católica imprimiu aos cultos afro-brasileiros. Tida muitas vezes por um período *difícil* ou escuro, nele os terreiros todos, lemos com frequência, permanecem fechados. Ora, os de umbanda podem, sim, abrir, segundo a linha da casa, para as giras que serão unicamente as de Exu, que passam a ser toda semana ou permanecem no espaçamento do resto do ano.

Para ser consistente, a expurgação do sincretismo cristão no candomblé de que se tem ouvido falar precisará, provavelmente, debruçar-se no problema da Quaresma, já que antes dos invasores europeus não existia tal noção em terras africanas, e nem os escravos aportaram aqui trazendo-a consigo.

Caírem festas de orixá durante o período, como pode vir a ocorrer, causa um interessante problema teológico, mormente quando a festa incide mesmo em plena "Cara-Suja", fato raríssimo, e que ocorreu em 2008 com a festa de Iemanjá. Para a umbanda, o natural seria então ignorar de todo o Dois de Fevereiro e saravar a santa normalmente em dezembro, todas as Mães juntas, o que tende a ocorrer entre nós mesmo sem esta anomalia do calendário. Cair o dia de Ogum antes da Páscoa pode até acontecer também, dependendo da Lua Cheia que determina essa festa. Saia justa... mas pelo menos não será no Carnaval.

É curiosa a radical diferença de leitura feita por candomblé e umbanda quanto a este período. Para esta última, até a Páscoa *os orixás e guias estão em Aruanda no seu descanso anual*, que não devemos interromper sob nenhum pretexto.

Para o candomblé, os orixás estão *em África brigando, resolvendo as suas diferenças*: a cerimônia de Lorogun, logo após o Carnaval, simboliza essa briga sagrada.

Micareta e equinócio

A micareta originalmente era a festa no meio da Quaresma que a Igreja permitia para dar vazão aos ânimos e hormônios alheios; o nome deriva do francês mi-carême, *meio da Quaresma.*

Já o equinócio marca o início de primavera e outono, o momento em que noites e dias têm igual duração (do latim aequiis nox*). Os solstícios, em junho e dezembro, por sua vez, marcam as noites mais longas (no inverno) e as mais curtas (no verão).*

Para a umbanda, em todo caso, fica um orixá por assim dizer incumbido de olhar pelo povo de pemba durante o período, e mesmo assim numa *persona* um tanto austera: Iansã de Balé, ou *igbalé*. Sendo o *balé* a casa dos mortos nos terreiros que a possuem, depreende-se que Iansã não será incomodada por dá cá aquela palha. Protegerá as passagens e encaminhará as almas, apenas.

Em tese. Não há filho dela que vá resistir na Quaresma a lhe pedir timidamente uma proteção mesmo assim...

Proibições, infrações e oportunidades

No período da Quaresma, as infrações seriam trabalhar com quem está descansando. Nem os pontos cantados, portanto, se devem usar. Só Exu cuida das giras e só os pontos dele se devem entoar. A má fama da Quaresma, além de toda a pecha que vem do catolicismo, na umbanda se reforça pelo fato de ficar entregue a Exu. Ora, isso não deveria significar ficar entregue ao mal nem à falta de luz. Também não é preciso temer demônios a cada esquina.

Sem dúvida é um momento em que *as cargas pegam* na pessoa com maior facilidade; é um momento em que a energia das pessoas perversas aflora mais, por isso mesmo é mais fácil de notar; mas se, em vez de pensarmos só pelo negativo, nos lembrarmos que *sem Exu nada se faz*, que Exu é movimento, base e instinto de conservação, poderemos usar o momento para trabalhar com seriedade e cautela para aumentar nosso conhecimento, nossa força, nossa saúde e nossa criatividade.

Amigos católicos me dizem que a Quaresma para eles é um tempo de reflexão e autoconhecimento. Não tem por que ser mais difícil para os umbandistas.

Não temer a Quaresma é, porém, muito diferente de chamar os guias que estão descansando, por melhor que seja o pretexto dessa infração: Pretos-Velhos, Caboclos e até Crianças são vistos durante o período em certas casas ou eventos, o que choca profundamente quem respeita o fundamento. É como trazer Crianças para uma gira de Exu. Uma festa *de branco*[25] nesse período ou não se dá, aguardando que chegue a Páscoa ou, se for imprescindível uma reunião com identidade umbandista, então que sejam cantadas apenas cantigas abrangentes de âmbito geral, como o hino e outras mais. E sejam deixados em paz os guias!

Pois trazê-los fora de propósito é dizer-lhes, e a todos, que não sabemos encontrar força em nós mesmos e não sabemos dar um passo sem puxá-los pela manga...

---

[25] Entenda-se, é bom ressaltar, de *roupa branca*.

A Páscoa

Algumas casas podem realizar uma cerimônia na manhã do domingo de Páscoa, cerimônia essa que pode até ser um evento pontual, acontecendo em resposta a um pedido ou orientação — são a mesma coisa na verdade, não são? — transmitido por um guia da casa em determinado ano.

Esse aspecto — o evento, na Páscoa ou em qualquer tempo, festivo ou não, realizado a pedido de uma entidade mas não entrando para o calendário do terreiro — é característico do afro-brasileiro, da umbanda em todo caso.

Pontual ou não, é provável que uma cerimônia na manhã de Páscoa tenha exigido *corpo limpo*[26] desde a quinta-feira, banho de ervas no dia e provavelmente no período todo, quando não a lavagem da cabeça com ervas de Oxalá,[27] se a cerimônia de Páscoa não for costume da casa. E talvez até se for...

Virão todos os guias e orixás para quem se cante, mas não será decerto uma gira normal com consulta, mas sim um momento especial de reunião com aqueles que estavam longe. O mais certo é o público nem estar presente, podendo haver um ou outro convidado especial, geralmente familiares do pai ou da mãe de santo ou, ainda, postulantes a algum cargo no terreiro. Poderá ou não haver um almoço em comum a seguir, dependendo da prévia opção dos participantes.

Podem acontecer ainda outras cerimônias, muito mais restritas ainda, dias antes da Páscoa, em casas de maior influência banta e visão tradicional. Essas cerimônias visam fortalecer o guia Exu do médium e sobretudo ele próprio como

---

[26] Castidade no período, proibição de beber álcool e de comer carne vermelha.

[27] Porque só as ervas de Oxalá vão sem danos em todas as cabeças.

ser mágico, exigem corpo limpo por alguns dias e têm valor de obrigação. O candomblé tem a *obrigação de sete anos* e aqui teremos os *sete anos de obrigação*. Faltando à cerimônia um ano que fosse, ter-se-ia de recomeçar do zero; mas quem falta dentre os escolhidos é porque normalmente desistiu de tomar parte, não precisando haver vínculo entre desistir do ciclo de cerimônias e desistir de trabalhar no terreiro.

Não é surpreendente nem por um lado que festejos de Páscoa em Centros Espíritas não sejam necessariamente repetidos todo ano, nem, por outro lado, que venham a fugir alguns médiuns, dos que foram escolhidos, à obrigação que antecede a data, haja visto o pesado conjunto de restrições imposto em momento associado, lá fora, a feriado e a lazer.

Não raro há colisões entre o apelo mundano e o ritual, particularmente quando algum ciclo regular ou pontual exige, por exemplo, não tomar outro banho por 24 horas após determinado banho de ervas no terreiro (é permitido lavar as mãos e também os pés, porque, entrando e saindo descalços do salão para o que alguns guias chamam de *mato*, se sujam muito); não lavar a cabeça nem permitir que encostem nela, mesmo pessoas queridas, por 24 horas após determinada lavagem que deixa os cabelos melados; não apanhar sol, se possível nem na rua, em períodos como estes; fora as proibições de boca e de corpo que lhes são peculiares.

Caberá ao zelador não exagerar, tornando o excepcional tão frequente que deixe de ser excepcional. Não se poderia aplicar, em sã consciência, a integralidade do preceito que uma Pombagira irritada desferiu para uma consulente:
— *Todo mundo sabe que precisa vir à gira de roupa clara e ficar de corpo limpo três dias antes e três dias depois!*

O que tomaria toda a semana da pobre mulher... fosse a médium, fosse a outra...

A Hora Grande e a Lua

Não se pode falar do tempo da umbanda sem falar de Hora Grande. Estaria ausente do candomblé, segundo Cacciatore — com exceção dos candomblés de caboclo, que já seguem outro caminho e têm parentesco com o catimbó e outras linhas mistas. Vinda da tradição europeia, mas expressa de uma forma ou outra em muitas culturas não europeias, a meia-noite é o ápice do poder obscuro; depois já começa o processo que leva ao amanhecer. Meia-noite, e a meia hora antes e depois, que funcionam como margem de segurança, é o momento em que *a gira vira*. Ou se bate então para Exu ou se tomou o cuidado de encerrar antes. Insistir em trabalhar com Pretos-Velhos nessa hora vai atrair confusão, além de médiuns muito cansados. O mesmo vale para o meio-dia, sendo o Sol a pino percebido como algo maléfico. É claro que a hora ficou plasmada em sua força emblemática, e o meio-dia solar às vezes é outro... Tão forte é a ideia da força passada, que ao chegar o horário de verão, e precisando optar entre meio-dia ou meia-noite reais ou oficiais, sempre é o primeiro que pauta os trabalhos.

Em Hora Grande, e para muitos em *hora aberta*[28] também, não se deve, havendo como evitar, tomar banho de rosas ou de ervas de orixá, acender vela para guias e anjo de guarda, muito menos descarregar oferenda para as Almas —

---

[28] Seis da tarde, seis da manhã. Seis da manhã é bom para feitiços de positividade.

cara-suja, quaresma e outros momentos   81

esta última atividade de forma alguma se faz na Hora Grande. Essas horas são como janelas abertas para outro mundo, é preciso cuidado com o que se vai pôr no peitoril.

Inevitável também é aludir-se, falando do tempo de umbanda, aos momentos em que as mulheres médiuns se afastam da gira por estarem, como se diz, *de corpo aberto*. Sem dúvida é sábio o afastamento, quando mais não seja pela dificuldade em concentrar-se no trabalho ou dar consulta incorporada, estando trajada de branco. Na verdade essa é a menos importante das razões. O afastamento visa a proteção das médiuns em primeiro lugar, que estão mais vulneráveis; do terreiro e do público em segundo, pois as médiuns estão mais abertas a canalizarem algo negativo em termos de vibração; e da vibração dos próprios guias que estariam assim remando contra a maré. Nem banho de ervas se pode preparar estando *de Lua*, ficando evidente por aí a obrigatoriedade do afastamento.

Ora, ocorre algo curioso com a menstruação das mulheres dentro e fora da umbanda. É sabida a tendência a todas as mulheres de uma casa acabarem por menstruar juntas ao longo dos meses; pode ser na Lua Cheia, na Lua Nova... Essa maleabilidade psicossomática, a mesma que afasta a mulher do Centro no período, lhe permite ao cabo de um ano ou dois ficar *de corpo aberto* sempre fora dos dias de gira. Muitos guias condicionam a consulta à consulente não estar *em seus dias* e, em todo caso, toda corrente de banhos e velas leva em conta o fenômeno, variando as recomendações de corrente para corrente e de terreiro para terreiro.

Por fim, a Lua da magia não é a mesma dos astrólogos e astrônomos. Nem toda corrente umbandista nem todo filho de pemba se preocupa com as fases da Lua. Entre os que se preocupam, muitos olham a agenda, onde consta que a Lua *entrará em fase Cheia* no dia tal. Ora, a Lua, após o seu ápice, que é o *dia tal*, só *decresce*. Em *fase de Lua Nova*, está crescendo. Se a corrente dispensa a Lua, muito bem. Se a corrente a tem como uma referência, é melhor pautar-se pelo que está no céu do que pelo que veio impresso na agenda por quem não o olha.

As ervas sagradas

Defuma com as ervas da Jurema...

Apesar do ponto cantado dizer, é incomum o uso de arruda e guiné no defumador. Geralmente ele é à base de alecrim e alfazema, manjericão também, mas raramente de benjoim, apesar do que diz o mesmo ponto. É notável o não uso de sálvia, tão comum noutras linhas de magia. Não consta que exista proibição, apenas não lembram as casas de usá-la e as lojas de vendê-la.

O turíbulo da Igreja Católica contém o chamado *incenso de igreja*; no da umbanda se queimam ervas mais modestas. Pode-se usar por vezes palha de alho, mas é um caso particular.

Defuma-se a casa inteira ao iniciar a gira e, a seguir, os filhos de branco. Por último defuma-se a assistência, individualmente, se o tempo e o espaço permitirem, ou simbolicamente por fileiras inteiras se é festa e há muita gente.

O defumador é saudado por todos à medida que passa, em gesto de respeito à casa, ao rito e às próprias ervas sem as quais nada somos.

Carregar o turíbulo não é para qualquer um; fica geralmente a cargo do cambono principal ou, à falta dele, de um médium varão ou do próprio zelador. Não há preceito que obrigue o incensador a ser homem, mas é bom que tenha pulso forte para caminhar balançando com movimento regular o peso do conjunto: correntes, bojo, ervas secas e brasas — sem fraquejar, esbarrar nem derramar nada.

Como o defumador da Igreja, o da umbanda visa a purificação do ambiente. Como nela, contudo, a vibração das ervas e dos cantos que a acompanham vão até um certo ponto. Corações carregados de ódio não se limpam com a nuvem perfumada. Quem vem à gira e vibra na luz com sinceridade e, ao se retirar, encontra-se afetado em sua mente e espírito por ambiente tenso e de desarmonia, seja familiar seja outro, não gozará dos benefícios da defumação por muito tempo. Como disse Chico Xavier, *o lugar mais limpo não é o que mais se limpa, e sim o que menos se suja*. A verdadeira limpeza vem de dentro. Banhos e defumações ajudam a proteger ou estimular; não podem fazer o trabalho da pessoa em seu lugar.

Cercando-se de aliados

Em muitas áreas do Brasil não chegou a dracena tipo *fragans*, chamada de *peregum* no rito afro-brasileiro. Onde chegou, tende a ser plantada como cerca viva ou cerca interna ao longo dos muros, ao redor dos terreiros e de muitas casas que não o são. É uma planta alta, razoavelmente vistosa, exigindo poucos cuidados, soltando os cachos de flores intenso perfume pelo início da época do calor. Mas não é tanto por isso que a cultivam.

Muitos veem no nome iorubá uma alusão a Ogum e atribuem aos pés força de proteção. Estão parcialmente certos porque a planta realmente é de Ogum, como muitas das folhas estimulantes, mais conhecidas como *gun* no sistema iorubá. O nome indica que a planta ajuda a chamar o transe. Outros dizem que ela chama os *eguns*, ou seja, em sentido lato, os guias,[29] o que será inexato etimologicamente, mas condizente com o sentido original.

Havendo espaço, pode haver uma horta, pés de arruda que secarão, como toda arruda, na primeira *demanda* contra um representante da casa e mesmo árvores de folha forte. Essas tenderão a ser ao mesmo tempo ligadas a um orixá e frutíferas. Mas o normal será respeitar as que, fugindo a esse padrão, já se encontravam no local. Muitas vezes parece que a árvore chama o zelador. Uma mãe de santo, filha de Iansã e Xangô, mudou algumas vezes de local até encontrar um casarão adequado — e que tinha duas árvores imensas no pátio, uma de Iansã e a outra, pelo menos na umbanda, de Xangô, abacateiro e mangueira. Um zelador carregando forte vibração de Oxóssi achou casa onde havia uma goiabeira, que também na umbanda lhe é atribuída.

Se o terreno estava abandonado mas o recinto contém árvores, é necessário muito cuidado na hora de contratar quem limpe. Em algumas reais histórias de horror urbano, houve casos em que árvores ou moitas preciosas se perderam por excesso de zelo da pessoa contratada, que entendia por *limpar* cortar tudo e deixar o chão liso.

Isso, naturalmente, teve um preço.

É sempre bom examinar os matinhos antes da limpeza...

---

[29] Só mesmo em sentido lato. O candomblé não reconhece eguns mulheres. Ora, a umbanda se faz em cima de Vovós e Mariazinhas...

Podem render muita coisa boa. Certas ervas fortes e raras nascem em locais abandonados preferencialmente, como se resgatassem a burrice humana.

São Caetano e as lavadeiras

Erva bastante usada para chá e banho nas casas de umbanda, que a atribuem a Omolu, é o melão-de-são-caetano. Mas poucos lembram que esse "melãozinho" e toda a sua rama serviam para lavar roupa no rio. Conhecida por erva-das-lavadeiras, era trazida enrodilhada ao redor da cabeça delas como uma coroa.

Benzendo e rezando

Debret, no início do século XIX, já pôde documentar muitas escravas ou forras com seu galhinho de arruda atrás da orelha, cena ainda hoje comum em qualquer feira livre sem distinção de sexo ou cor. A figura da *vendedora de arruda* era popular e tida por muito necessária, e foram as mãos desse tempo ido que plantaram a erva no centro do que se tornou a umbanda. O curioso é que a *Ruta graveolens*, ou seja, a arruda, cujo *cheiro forte* já vem no nome,[30] tem origem europeia, mediterrânea, mas implantou-se na África, como aqui, tendo inclusive nome em iorubá.

Arruda, e às vezes guiné ou aroeira, são as ferramentas mais comuns na mão dos Pretos-Velhos. Há Velhos com tal ou tal erva no nome. Outros não carregam erva no nome, mas nos pontos cantados, como Pai Benedito.

---

[30] De *grave* + *olens*, sendo que, no latim, *grave*, associado a odores, pode significar "forte" como também "malcheiroso". Muitos são os que enjoam ao sentir cheiro de arruda.

as ervas sagradas

Apesar de ganharem muitos pequenos presentes, raramente os Pretos-Velhos recebem ervas dos seus consulentes que lhes trazem velas, fósforos, muito mais raramente pembas, e não raro bebidas. Parece existir um acordo tácito com o público... Os Velhos sabem que, para oferecer ervas, elas têm de estar bem escolhidas e a energia de quem as vem trazendo não pode ter determinadas características, senão a arruda chega melada ou seca, a aroeira solta as folhas.

Apesar de ter servido para benzer tanta gente, acontece de alguém ganhar ou pedir o galho de arruda no final da gira e pretender plantá-lo em casa. De vez em quando o galho pega mesmo, num processo longo que não dá mostras de querer render frutos... Uma alegria para quem consegue a façanha, e uma compensação pela tendência do pé de arruda a murchar à toa. Plantada isoladamente, ela suga a menor carga em detrimento de si mesma. O caso da plantação de arruda é diferente, pois ali a planta não se identifica com casa nenhuma e, ademais, a união faz a força...

Menos mal; ou não restariam sobre a Terra pés de arruda cultivados.

Banhos e chás

Os chás são meizinha corriqueira Brasil afora, e não tinha que ser diferente na umbanda. Pelo menos em Centros situados em precinto urbano, tomá-los ou mesmo receitá-los não implica automaticamente conhecimento da erva, nem sequer maior apreço pela fitoterapia em relação à alopatia. Não raro o chá é visto como um potencializador do medicamento farmacêutico, por exemplo, em casos de gripes.

Essa fusão se traduz, muito além das fronteiras imprecisas da umbanda, pela deplorável prática de chamar certas ervas por nomes de medicamentos, como *Melhoral*.

Os banhos fortalecem, de certa forma, mais a quem os fez do que a quem apenas os toma. Como se disse a respeito do defumador, limpeza externa, ainda que mágica, põe o corpo em condições de receber as vibrações da magia. É um elemento entre os diversos necessários ao crescimento espiritual, e não traz conhecimento algum por si só, como nenhum contato passivo poderia trazer. Preparar o médium em casa o seu banho talvez lhe faça mais bem do que tomar o que lhe foi preparado, ainda que com amor, no Centro. Porém consabidamente alguns em seus lares não tomam o banho e nem tomariam, e por isso alguns zeladores deixam pronto o banho de ervas, necessário à limpeza simbólica e energética antes e depois da gira. Toda ciência e toda força passaram então por suas mãos, e suas mãos apenas.

Eliphas Levi comentou que *aquele que todos os dias se levanta de madrugada a fim de colher uma determinada erva no local onde nasce, antes que saia o Sol, e nunca falha a este ritual, como não pensar que a erva lhe há de obedecer, e fazer tudo quanto ele lhe peça?* E como pensar que aquele que nem sabe com que se banha vá alcançar alguma força junto às ervas?

Não se trata de denegrir os banhos, e sim de desejar mais participação entre aqueles que o tomam. Limpeza de fora para dentro apenas não é limpeza.

As macaias e o erveiro

Por vezes pode haver uma razão prática para o banho de ervas ser "centralizado" em seu preparo. Acontece de uma folha necessária não se achar com facilidade nas bancas de erva fresca (ervas em caixinha podem, sim, funcionar, mas só em último caso se compram: em muitos casos nem se tem certeza do que ali se pôs, nem se aprende o pouco que se aprende comprando na rua, já que a caixa deixa tudo com aspecto uniformemente acinzentado e fragmentado). Por outro lado, o emprego universal de nomes populares pode levar a confusões e nem todos são capacitados para distinguir entre planta saudável e planta doente.

O pai ou a mãe de santo que não possui o que precisa na sua horta nem por isso tem obrigação automática de embrenhar-se no mato, embora precise estar sempre preparado para tanto, não havendo outra opção. Pode ser que frequentem o terreiro pessoas que, por suas circunstâncias pessoais de trabalho ou morada, tenham acesso à folha desejada. Naturalmente serão também pessoas afinadas com plantas, ou poderiam ali levar anos sem nada observar.

Esta responsabilidade: trazer para o terreiro a macaia que o terreiro precisa em momento especial, e trazer-lhe folhas saudáveis, provenientes de colheita respeitosa e cuidada que, para a vez seguinte, ajude a garantir encontrar a mesma macaia em condições favoráveis, vai conferindo ao membro erveiro, ou aos membros erveiros ou erveiras, uma aura especial; não que passem a ter privilégios, mas o seu saber será reconhecido aberta ou tacitamente, e as suas pessoas gozarão de um apreço diretamente ligado a este.

Macaia e maconha

São palavras bantas em que o prefixo ma indica a forma plural. Macaia são as folhas sagradas, como o tabaco, por exemplo, é e era dentro da magia, pois ao natural facilita o transe.

Maconha, uma erva específica, usada em muitos cultos de magia, é a pronúncia nasalizada do primeiro termo. Pertence a Exu, e a atual situação a leva a ser consumida ilícita e irresponsavelmente em locais muitas vezes carregados, em vez de haver consumos abertos e responsáveis no culto.

Oportunidades desperdiçadas: as ervas como professoras

Boa parte do sentido da umbanda se perde sem o amor às folhas e a luta pela preservação. Em cultos, como todos os de base africana e mista com africana, como a umbanda e seus irmãos, as folhas estão muito presentes, como vimos e sabemos. A folha é a base do candomblé. *Ko si ewé, ko si orixá*: sem folha não há orixá, define o queto. A ausência nos fundamentos de um ditado próprio como este não pode ser desculpa para a umbanda conhecer mal e tratar mal a folha que nos faz quem somos, pois sem a folha não é apenas o orixá, e sim nós mesmos que não podemos existir. Ninguém come plástico nem papel, e o mais ferrenho dos carnívoros consome folha por tabela. O consumismo alucinado, fabricado pela televisão com a conivência de todos, faz perder referências que a umbanda teria o papel de resgatar.

Não vale a pena existirmos para *trazer a pessoa amada em três dias*, nem servirmos de "escada" a colegiais desesperadas que acreditam que o amor perdido será o único de suas vidas. É certo que existimos também para dar vazão à

as ervas sagradas 91

mediunidade dos membros e, sobretudo, permitir aos guias se manifestarem; e justamente os guias carregam as ervas no nome ou nos pontos cantados.

Uma pessoa que sai da consulta e vai plantar um pé de alecrim na sacada é bom. Uma pessoa que sai da consulta e vai limpar um pedaço de mata perto de sua casa é melhor ainda. Limpar, no sentido exato, naturalmente, retirando lixo e não árvores e moitas. Um grupo de pessoas que não suja a mata é o ideal.

Não é normal o guia trabalhar receitando banhos e o cavalo não conhecer mangueira. Este caso se deu. Não é normal ser jardineiro de terreiro e partir os galhos no gadanho ferindo a moita; este caso se deu, e o custo foi alto. Nem se tratava, ainda é preciso dizer, de poda exigida pela planta, e sim pedido de um guia que se considerava escondido demais pelos galhos. Estes então se partiram na bruta, longe das forquilhas, deixando veios estraçalhados e um sentimento de que algo estava errado e ficaria pior.

Isto é o retrato de uma umbanda que não queremos. Era melhor ser balconista e não pôr a mão em planta nunca. Desconhecimento e desrespeito à natureza costumam trazer contas altas. Em qualquer lugar. Que dirá no lugar que tem por uma de suas missões zelar pela folha?

Nem todos, mesmo entre os membros de um terreiro, têm condições de cuidar de plantas com o cuidado que elas merecem, pois vivemos numa sociedade doente em que pessoas trabalham além do necessário para manter os empregos ou para adquirir o que não terão tempo de usar. Nem todos têm tempo de ouvir as lições que as plantas gostam de contar. Mas todos têm tempo de não sujar, de não jogar lixo no mato, de ensinar e aprender a poupar.

Não somente todos os que estão vivos, mas todos os que se reúnem em alguma agremiação, deveriam cuidar do que vai ser legado às gerações seguintes.

Nós do afro-brasileiro, nós da magia, falamos do preconceito dos evangélicos, mas não podemos imitar o desprezo que tantos deles manifestam pelas ervas, preferindo muitas vezes seguir passando mal a tomar um chá. Nem podemos colher esse chá de forma agressiva, pois é outro jeito de desprezá-lo. Não podemos ser predadores se queremos ser zeladores.

Existem lições amargas que as plantas não gostam de contar. Façamos o necessário para não ter de ouvi-las.

Os preconceitos, lá e cá

O criptoumbandismo

Declarar-se umbandista é, de certa forma, caçar oposições, senão inimizades. Os cardecistas costumam ser os vizinhos mais tolerantes. Os verdadeiros católicos, em geral, muito menos. Há ainda os pentecostais e neopentecostais, para quem todos os que não são da seita estão a caminho do Inferno; e o candomblé, que em muitas festas e manifestações ri ou batalha lado a lado com a umbanda, reserva-lhe uma certa condescendência.

Sem contar, claro está, os ateus. Livros de intelectuais acusando os membros de toda e qualquer religião de falta de civismo e inteligência, por sinal, voltaram à moda.

Dão-se geralmente bem com a umbanda, melhor ainda do que o candomblé, apesar das poucas semelhanças, algumas correntes de protestantes históricos, as correntes daimistas e xamânicas, falando de um modo bastante geral, e as correntes do budismo, no sentido de respeitar quem os respeita e seguir o próprio caminho na luz. Embora se ouçam vez por outra coisas como: *Ah, mas você não vai ficar na umbanda!... uma vibração tão inferior!...* Talvez seja entre os taoístas que se encontrem mais pessoas que ocasionalmente frequentem ou consultem a umbanda. Outras religiões ainda simplesmente a deixam em paz. Outras são tão parecidas que parecem versões. Ora, se fizermos as contas — quantos taoístas há no Brasil? —, veremos que são bem mais numerosas as correntes que não toleram a umbanda do que as outras. Há, notadamente, mais neopentecostais do que protestantes históricos; seguem mais ao pastor e fazem mais barulho; haja vista a agressão ao Estrela de Oxalá, em 2008. Há mais católicos desconfiados do que budistas tolerantes.

Como, porém, hoje em dia a Igreja Católica já não vê demônios nos praticantes de religiões afro-brasileiras, a fronteira entre umbanda e catolicismo, não chegando a ser "um jardim de flores", já não representa uma etapa obrigatória entre a porta da rua e o gongá; tampouco precisa representar um fosso. A fluidez típica da umbanda parece ter contagiado certos sacerdotes católicos, e em determinados locais há rituais mistos aos quais voltaremos. Não há problema algum — e se houvesse, quem viria cobrar? — que a pessoa frequente o catolicismo em igual ou maior proporção, ou, quem sabe, associe uma coisa à outra. Isto, contudo, nos leva a pessoas que se declaram *católicos e espíritas*, *católicos e umbandistas*, quando não, por falta de coragem ou de coerência, simplesmente *católicos*. É bem verdade que ninguém que frequente templo algum deve ter por preocupação os números do censo. Mas aí temos um conjunto mal definido por natureza, em que os visitantes e consulentes relutarão sempre a se assumirem umbandistas e se dirão católicos, quando não, e por incrível que pareça, ateus; e em que zeladores, médiuns e outros membros do terreiro em alguns casos se dirão *alguma coisa e umbandistas*. Ou *alguma coisa e espíritas*; ou espíritas simplesmente, sendo este termo hoje, para desagrado dos seguidores de Allan Kardec, tão empregado para mascarar a pertinência à umbanda ou mesmo ao candomblé, que foi preciso criar o termo cardecista.

Existe uma diferença entre aquele que, gravitando entre dois modos de cultuar, escolhe denominar-se pelo mais antigo ou mais oficial deles; o que conscientemente se esconde atrás de apelação ambígua, escolhendo o que lhe parece o mais aceitável entre dois nomes; e finalmente o que tem imagem de São Jorge na porta de casa e dá passes na Tenda Espírita, mas nunca menciona tais fatos e evita discussões desconfortáveis porque prefere que ninguém saiba fora do terreiro. É o caso de não raros médicos, constrangidos perante os colegas cientificistas.

O segundo caso acima chama a atenção por se tratar de pessoas que escolheram o termo mais afastado do que foi chamado *africanismo*. Conscientemente ou não, o modelo europeizado pareceu melhor escolha: vou ao candomblé desde menino mas começo por me dizer espírita até criar confiança; sou umbandista e costumo ler preces cardecistas na gira toda primeira segunda-feira do mês, então não menti.

Ninguém é fiscal da consciência de ninguém. E não se trata de criticar o perfume das tais *flores nascendo no jardim*. É de se lamentar, porém, que, além de levantar a barra da túnica do espiritismo cardecista para se esconder, sem lhe pedir permissão, ainda se esteja ajudando o neopentecostalismo a confundir-nos todos em suas imprecações, pois para eles, sim, todos somos *espíritas*.

Os irmãos de paz e os irmãos demais

A umbanda, já se comentou, não tem atritos com os cultos nordestinos ou nortistas de base mista como ela própria. Não é de lá que nos vêm os problemas. Mais divulgada do que essas linhas, acolhe médiuns de todas elas quando aportam no Sul, que acabam por chegar a algum terreiro umbandista. Não conhecerão peregum,[31] que não foi introduzida em muitas regiões, e às vezes se confundirão com os orixás; mas tudo irá fluindo bem. Se a fronteira com o cardecismo é um *jardim de flores*, então a fronteira com estes cultos é uma roça de tabaco. A fumaça dos cigarros de palha, dos charutos, dos cachimbos sobe, enevoa os limites, esfuma as divisões e facilita o trânsito. *Setenta anos fiquei no pé de jurema...*
A fronteira do dendê é fascinante e mais ardida.

O exotismo de uma vibração com pouca mistura, cheirando ao chão da África, mais exótica do que uma região, por distante que seja, do mesmo país; a riqueza das roupas elaboradas, o aroma das comidas, a força de mistérios diferentes tornam irresistível a atração para muitos umbandistas. Alguns visitam, estudam e têm amigos na tradição vizinha sem ter vontade de cruzar a fronteira. Outros cruzam, e quem há de dizer, se o orixá mandou, que estão errados? Quanto maior a influência afro no terreiro, quanto maior o interesse, maior a possibilidade de um dia o terreiro ou, pelo menos, a mãe de santo passar para o candomblé. Mais uma vez, ninguém vive para alimentar o censo. Se a umbanda for engolida um dia no Sul, restarão os cultos mistos do Norte, para onde os guias, imagina-se, terão

---

[31] *Dracena fragans*, que tem por nome popular dama-da-noite, como dez outras plantas de outras famílias.

todos migrado, ou subido de vez para a luz. A mutação faz parte da vida.

Isto em si não se pode criticar.

Não se pode admitir, porém, o tom depreciativo ao falar de umbanda, e sequer nos estamos referindo aos termos *eguns* ou *catiços* para falar dos guias, se são esses que a tradição irmã usa. Sem dúvida, cada um de nós está fadado a cometer deslizes sem intenção ao lidar com religiões alheias. Não é contudo admissível que se considere a umbanda *uma forma errada de se fazer candomblé*.

Não se pode admitir que, tendo indagado sobre uma cerimônia umbandista inexistente no queto, pai de santo do candomblé passe a apontar os *equívocos* desta, pois *deveria* ser levada assim ou assado.

Há outros casos extremos, como o zelador do Centro Umbandista chamar a cada mês um palestrante de outra religião, e o representante do candomblé preparar discurso apontando os erros da umbanda a fim de que ela se pudesse corrigir.[32]

— *Não gosto da Umbanda, é muita bebedeira, muita bagunça! Uma gritaria danada!* — Desabafou um amigo trabalhando em terreiro de candomblé de São Gonçalo. Explicou a seguir que ali se dava, uma vez por mês, uma gira de umbanda nas condições referidas, o único contato que travara

[32] Não considero exemplo de preconceito de candomblecista o caso escandaloso do ogã *ilu*, conhecido nas rodas de jongo e maracatu do Rio de Janeiro, que desrespeitou de uma só vez o atabaque que é indigno de tocar, a casa de umbanda que o acolhia, as Almas e os Pretos-Velhos, retornando no domingo de Páscoa, e os seus próprios cabelos brancos, ao tentar seduzir filha da casa com propostas obscenas e largando abruptamente o tambor para esse fim; acredito que tal conduta deriva de falta de luz do indivíduo, e não seja representativo da corrente a que pertence. Merecia o fato uma nota de pé de página: missão cumprida.

na vida com a mesma, contato assim mesmo já antigo, pois agora evitava esse tipo de sessão. Supõe-se, pela descrição, que fossem giras particularmente pesadas de Exu. Ora, umbanda não são giras pesadas de Exu, umbanda é um conjunto. Mais uma vez, não se pode proibir ninguém de realizar sessões assim, desde que não sejam lesivas à vida de ninguém. Pode-se lamentar, e muito, no plano da ética, que pessoas zelosas de tudo que diz respeito à tradição em que escolheram trabalhar aluguem, por assim dizer, um pedaço de outra, cuidem mal do fragmento e o apresentem, para público e filhos da casa, como a coisa completa e original.

O mais preocupante de tudo talvez seja a atual tendência, embora compreensível num país onde preconceito e exploração foram moeda corrente, que correntes mais jovens do atual movimento afro têm para repelir tudo que não seja negro e endeusar tudo que veio da África. Independentemente de indispor-se com os umbandistas ao denegrir a sua maior data, o Treze de Maio — mais uma forma sutil de dizer que a umbanda *está errada*, já que insistimos em cultuar esta data em vez do feriado de Zumbi —, assusta a insistência em leituras maniqueístas da História nas quais nunca nenhum africano foi perverso no tempo do tráfico de escravos e todo "branco" o é ainda hoje, mormente quando se sabe que grupos como os jagas[33] e jalofos (*uolof*) foram ativos na captura e morte de seus vizinhos,

---

[33] A história dos belicosos jagas canibais se confunde com a da nação imbangala ou *banguela*. Lutaram contra os portugueses e também junto a eles longo tempo, segundo lhes ditava o momento; arrancavam os dois dentes do meio e, quando chegaram aqui os primeiros escravos jagas, chegou junto o termo *banguela* como o conhecemos hoje. Alguns consideram que os jagas formavam um grupo guerreiro compreendendo gente de várias nações bantas. Os jalofos atuavam perto da Mauritânia, mais para o Norte.

inclusive antes de ali aparecerem portugueses. Esta corrente de pensamento vai muito além de alguma indisposição com a umbanda, mas põe em risco uma ainda frágil harmonia multirracial que hoje floresce após décadas de preconceito.

E a umbanda sincrética é um dos rostos dessa harmonia. É interessante observar que, pelo que talvez seja um sapientíssimo retorno de carma para todas as partes, o aniversário oficial da umbanda, 15 de novembro, agora se funde irresistivelmente na rica lista de eventos referentes à cultura afro-brasileira e negra do mês de novembro, desde que se criou o feriado de Zumbi dos Palmares. Uma bela lição, tanto para os que menosprezam a umbanda quanto para os que dentro dela pretendiam dar as costas para aquelas de suas raízes que são de origem africana.

Ecumenismo periclitante e postes de luz:
as sombras da sociedade

Agressões como as mencionadas anteriormente[34] parecem carícias ao lado do que se ouviu em reunião pré-natalina e inter-religiosa no Rio de Janeiro, em 2002. Os membros deviam formar grupos de três com o intuito de conhecerem um pouco mais as tradições dos outros, partindo do correto princípio de que o que se conhece melhor não se teme tanto.

Disse o sorridente representante de religião de base alemã (assim a apresentou):

---

[34] Com exceção, claro está, da que se relata na nota 31 e das agressões a terreiros como o Estrela de Oxalá.

— Que bom que estamos os três aqui para falar de nossas religiões... Que bom que são vocês duas... Agora me digam, um *Preto-Velho*, o que ele teria para acrescentar?

Certamente, sendo a religião Ocelam de *base alemã*, algum preconceito de base racial entrou em jogo; e note-se a confusão entre médium e guia cometida pelo membro do grupo, que parecia acreditar na hipótese de um *cavalo incorporado* tomar parte na sessão. Mas nos resta pensar: se isso acontece em reunião inter-religiosa pela paz, o que não acontecerá nas outras?
E até que ponto funcionam as reuniões inter-religiosas pela paz? Disso falaremos adiante.

O preconceito manifestado por este senhor, preconceito tornado espantoso pelas circunstâncias, não é um caso isolado na sociedade em geral. A reação algo infantil aos anúncios, igualmente infantis em seu raciocínio, das pessoas que trariam de volta o amor em três dias, acusando-as de *serem as maiores emporcalhadoras da cidade porque desfiguram os postes de luz* (!) demonstra bem isso: há inúmeros emporcalhadores piores e, francamente, objetos de apreço mais nobres na cidade do que poste de luz de concreto. Na verdade, esta reação foi de leitores de um jornal carioca lido pelas assim chamadas classes A e B; não sabemos se o vilão da sujeira urbana permaneceria o mesmo, caso fosse mais abrangente a pesquisa.

Em outubro de 2007[35] a subsecretaria de segurança do Rio de Janeiro prendeu em momentos diversos cinco rapazes colando os anúncios da mais visível dessas mães de santo, com o intuito de conseguir indiciar a própria. Não se sabe

[35] *O Globo*, 22 de outubro de 2007, Segundo Caderno, p. 3.

os preconceitos, lá e cá   101

ainda se as demais senhoras que aderem à discutível prática sofrerão repressão, ou se esta é focada naquela pessoa especificamente, e nesse caso por quê. O motivo não é propaganda enganosa, é *sujeira* e *degradação visual*. Ora, inúmeras práticas degradam tanto ou mais. Tais anúncios, de que voltaremos a falar, fazem mal ao mundo do afro-brasileiro, mas aí nos parece existir um caso claro de intolerância direcionada.

Em todo caso, já vão longe os dias em que as *macumbas* eram proibidas; em que encontrados, mesmo no mato, praticando o seu ritual, os participantes iam sob escolta carregando os objetos na cabeça para deixá-los na polícia, que deles fez um museu, e a seguir eram levados para fazer exame de sanidade mental...

A Bíblia como barreira: o preconceito aberto

O referido Movimento Inter-religioso, cujas opiniões não são as daquele membro da Ocelam, divulgou em outubro de 2007, ao mesmo tempo que manifestava a sua oposição, o Projeto de Lei[36] de uma vereadora batista que pretendia alterar o nome da Estrada dos Caboclos, situada no bairro de Campo Grande, para "Estrada dos Batistas". Acrescente-se que esta é uma prática tipicamente evangélica, como se sabe: na Bahia já existe *acarajé de Jesus*. A dupla já citada de pais de santo de Santa Cruz vivia na antiga Estrada do Gado. Mas os novos vizinhos evangélicos haviam decidido que eles pessoalmente trabalhariam na rua da Saúde.

[36] A íntegra da mensagem eletrônica se encontra no Anexo 2, com a ortografia e a gramática do Projeto de Lei 1153-2007, que se encontra no site da Câmara Municipal do Rio de Janeiro.

"Os batistas um é povo (sic) que veio de longe, com muitos nomes, de muitas perseguições de muitas lutas porém construindo uma bela história de fé, de doutrinas e princípios.

Um dos princípios que eles mais prezam é o da liberdade religiosa de modo que aceitam Jesus Cristo como único salvador.

Além disso realizam um grande trabalho social e espiritual Junto (sic) a (sic) população do município do Rio de Janeiro, levando as pessoas a conhecerem uma vida melhor com mais esperança, paz e alegria, como também elevando a auto-estima, tornando assim a vida de seus fiéis mais salutar.

Por esse grandioso trabalho que a Igreja Batista vem realizando não só junto a (sic) população carioca como a população de todo Brasil, peço aos meus pares o apoio junto a aprovação dessa matéria."

Deixando que a sintaxe e a retórica da vereadora falem por si, notemos mais um exemplo agressivo de intolerância aos nomes referentes aos grandes vilões que são os cultos afro-brasileiros para todos os pentecostais. Caboclos?! Vamos mudar isso já. Em nome da liberdade religiosa!

Ao mesmo tempo que se espalha a moda da propaganda evangélica em barulhento carro de som, divulgada exatamente como a pamonha e provavelmente com o mesmo locutor, chamando para adiantar-se junto ao Todo-Poderoso às sete horas da noite, é notório nos templos evangélicos o emprego de objetos e práticas, como limpeza com arruda e sal grosso, oriundos da umbanda, mas *usados com fé*. Afinal, como proclamam as pilastras dos elevados, *só Jesus tira a Pombagira das pessoas*.

Não se pode deixar de mencionar uma sinistra combinação, já denunciada por movimentos de defesa da liberdade religiosa. Alguns pastores evangélicos conseguem converter, superficialmente, um punhado de bandidos. Estes, ao se tornarem "donos do morro", mandam fechar os eventuais terreiros. Se há recidiva, mandam matar. Para o bispo neopentecostal, foi atingida uma meta: houve conversões, fecharam-se terreiros. Insuspeito de simpatia pela umbanda, que chama pejorativamente de macumba, ateu nos dias de hoje e antigo Rosacruz, parente meu residindo na Ilha do Governador assegura que este é o caso do Dendê da Ilha,[37] no ano de 2009, e acrescenta que o pastor benzeria as armas.

É escusado dizer que nem todo pastor se presta a semelhante papel. Por minha parte, mantenho relações cordiais com os diversos vizinhos evangélicos no prédio, e um deles me traz mudas de ervas!

Um museu censurado: as coleções da Polícia Civil

É necessário ainda voltar ao mencionado Museu da Polícia, onde o preconceito atinge sem distinção os cultos de matriz africana. Quem, sem estar resguardado pelo nome de uma publicação ou universidade, tenta ver as coleções de objetos litúrgicos apreendidos da Rua da Relação é muito cortesmente recebido e levado para uma volta anódina pelas dependências. A quem insiste, recomenda-se escrever uma carta; telefonemas recebem respostas evasivas. Tal carta só é aberta, ao que tudo indica, voltando em pessoa o pleiteante. Então o gentil comissário que esteja de plantão aponta muitas outras maravilhas não reveladas da primeira vez: ca-

---

[37] Existe outro Morro do Dendê em Madureira, defronte ao da Serrinha.

chimbos feitos pelos descendentes de escravos para fumar maconha, bolas de cristal tomadas dos ciganos... mas não as específicas coleções afro-brasileiras, os objetos *da macumba* levados pela polícia quando a prática era ilegal.

Existe uma corrente na umbanda carioca que desejaria retirar dali os objetos. Ora, violência por violência, ela já aconteceu, e a apreensão das peças faz parte agora da nossa História; ficando onde estão, todos poderiam vê-las *neste contexto*, sem falar que nem todos se disporiam a visitar um Museu da Umbanda. Ademais, os objetos não pertenciam especificamente nem à umbanda nem ao candomblé, e sim exatamente ao que se chamou indistintamente pelo público, pelas autoridades e até pelos praticantes, muitas vezes, de macumba. Quem há de dizer, junto a determinado tambor apreendido, em que língua os fiéis daquele terreiro cantavam?

Deixá-las onde estão, lembrando a violência que sofreram, pode ser uma forma de redimi-la — contanto que a visitação seja liberada. O que não ocorreu ainda: não se faz História assim. Nem se trata de pleitear exceções para praticantes, ainda que, no caso, nada tivessem de desonroso; se o problema é manutenção, cobre-se uma pequena taxa, paga quem quiser. Muitos de nós iríamos, sim, querer e gostar de saber que a taxa ajuda a afastar risco de mofo, insetos e incêndio. Se o problema é outro, é que segue o preconceito. Seguindo o preconceito, segue o sequestro. Que Ogum possa dar caminho!

A umbanda é preconceituosa?

Já analisamos demais o preconceito dos outros. Seria tempo de vermos se não existem, também, preconceitos dentro da própria umbanda.

Sendo a umbanda formada, ou exercida, por um conjunto mutante e vasto de pessoas muito diversas, é inevitável que imperfeições existam, como em tudo que é humano. Podemos detectar mais de um tipo de preconceito existente aqui ou ali, mas certamente não como *condição* intrínseca ao ser umbandista; e aí está toda a diferença entre uma tradição religiosa preconceituosa e outra que não o é.

Já se mencionou o preconceito contra o *africanismo*; a umbanda oficial pós-Niterói fez de tudo por distinguir-se não só do candomblé, mas do culto popular chamado, como ele, *macumba*, inclusive atribuindo às suas próprias raízes uma origem indiana: e ainda se ouve quem diga isso, mesmo em terreiros onde a influência africana já se faz sentir. Sem querer negar a hipótese de eventuais vibrações brâmanes no caldo de cultura que é a prática umbandista, não se pode deixar de observar a coincidência entre a data de 1941, primeiro Congresso Brasileiro de Umbanda, e a propalada supremacia ariana que vitimava então meia Europa, onde o desenho da suástica, antigo símbolo solar ariano vindo da região onde hoje é a Índia, foi deturpado de sua primitiva função. Não deixaram tais influências de serem sentidas aqui, num país onde até hoje um senhorzinho irritado na fila de banco brada que *a culpa de tudo isso é a miscigenação!* A coincidência pode ter sido inconsciente, induzida pelo preconceito que ia na imprensa; indesejada quiçá, mera coincidência em suma, mas aí está.

Ao tomar conhecimento que no Quilombo de São José da Serra, perto de Conservatória (RJ), existia um Centro Espírita, uma umbandista exclamou:

— Mas será que eles seguem a *verdadeira umbanda*?

Quando a primeira reação de um umbandista, ao ouvir falar de outro, é indagar-se se o outro está certo ou não, algo está muito errado. E não é um caso isolado. Neste, especificamente, é inevitável pensar que determinante à dúvida da médium loura terá sido o fato dos membros jongueiros do Quilombo serem negros.

Preconceito existia entre os próprios negros africanos e seguiu seu curso por lá. Aqui há registros de menções preconceituosas aos negros do Gabão, pouco considerados na hora da venda por serem presa fácil do *banzo* e do suicídio, que preferiam ao trabalho forçado. Nem todas na boca de senhores de escravos.[38] Um ex-escravo teria dito a João do Rio em 1904: *pelo negro cambinda é que se compreende por que o negro foi escravo. Cambinda é burro e sem-vergonha!* Sim, os Cambindas da umbanda, na África bastante próximos linguística e geograficamente do Gabão.

Talvez esta forma de preconceito entre descendentes de africanos no Brasil seja uma das que podemos dar por extintas hoje entre nós.

A umbanda não pode falar em nome de todo o universo afro-brasileiro. Mas desconfiar do mérito do irmão praticante é visão inerente a este. Foi mencionado entre outros por Muniz Sodré e Luiz Filipe de Lima,[39] inclusive a respeito

---

[38] Ver por exemplo o citado PEREIRA, 2007.

[39] SODRÉ e LIMA, 1996.

da proibição de participar das festas no barracão, que Mãe Aninha do Opô Afonjá fazia ao então muito jovem Agenor Miranda Rocha. Pouco importa que seja só nosso o vezo, ou um vezo de muitos: talvez pudéssemos, e até no nosso foro íntimo, elogiar mais e criticar menos. Ou simplesmente guardar mais silêncio quando preferirmos guardar distância. No silêncio se ouve melhor.

Por outro lado, a desconfiança nas giras, quando alguém canta em iorubá ou em algum idioma banto, não cremos que se deva a preconceito algum e particularmente não a racismo, até porque o ogã que canta pode não ser negro e às vezes o desconfiado é. Atribuo ao temor do desconhecido, ao temor já referido que ogãs podem inspirar dentro da umbanda, à impossibilidade de se cantar junto e à definição sempre repetida com o orgulho de quem se reconhece num parâmetro: *a umbanda fala português!*

Ainda se pode observar outro tipo de preconceito dentro da umbanda, muito difícil de quantificar por não o perceberem com nitidez os possíveis preconceituosos. Trata-se do preconceito contra os filhos da terra, os indígenas. Ao se mencionar a existência desse tipo de pensamento, é comum ouvir: *Mas a umbanda tem os Caboclos, imagina!*

Tem os Caboclos, mas muitos Caboclos são tidos por batizados ou de outra forma *evoluídos*. O simples fato de termos Caboclos nas giras não livra por si só do preconceito, que aflora brutalmente quando se ouve alguém dizer, com todas as letras: *havia os índios, e os índios eram todos errados.*

O futuro da humanidade, não religioso mas étnico, é certamente pardo. A isso ainda voltaremos. À tal *miscigenação,* quiçá livre de alguns desmandos e desamores nas gerações vindouras. Ou não. Talvez aqui pardos de olhos verdes sejam discriminados por alguma corrente preconceituosa, e acolá tidos por protótipos do Divino por alguma outra equivalente. Já o futuro religioso, ou os futuros, incerto como o próprio futuro da espécie humana, deveria apontar caminhos de tolerância e amizade; não de escárnio, não de desconfiança. Há um provérbio chinês segundo o qual *na travessia do deserto os companheiros se unem*. Preconceitos de religião e preconceitos de cor, juntos ou separados, levaram a humanidade a se massacrar ainda muito recentemente; e em lugares onde ninguém achava possível. A tendência comprovada é a combatividade aumentar em razão inversa do chão; perigamos em breve, na hora da travessia, não ter mais chão para seguir brigando entre nós.

Fraquezas e forças

Uma identidade oscilante

Declarar-se umbandista ou membro do candomblé; reconhecer-se por umbandista ou membro do candomblé. Qualquer que seja o culto afro-brasileiro, e nos surpreendem as estatísticas, essa nitidez do perfil ocorre muito menos na Bahia, onde muitos católicos não são realmente católicos apesar de batizados e frequentadores de festas católicas; e ocorre muito mais no Rio Grande do Sul, mesmo se, ali, candomblé se chama batuque...

Já mencionamos os que especificamente se dizem pertencer à umbanda e a outra corrente religiosa e que, precisando optar, declaram-se pertencentes à outra. É evidente que tal proceder enfraquece a umbanda psicológica e oficialmente. Não se pode, no entanto, exigir que os indivíduos tenham compromisso com a umbanda se às vezes nem com eles mesmos o têm; o que se pode é lhes dar uma umbanda, ou umbandas, de que possam se orgulhar. Mais preocupante — em relação aos censos pelo menos — é o caso de mães e pais de santo que se dizem católicos e umbandistas, ou católicos e espíritas, como no caso do já mencionado quilombo, dos dirigentes do Centro Umbandista ali existente e de outro que lhe é vizinho.[40] Não cabe a ninguém julgar esse e outros casos do tipo, nem as consciências alheias. Talvez nos falte recuo para, sincréticos que somos, aceitar uma forma extrema de sincretismo; esta "fronteira", a mais impalpável de todas talvez, que separa a umbanda do catolicismo, mais do que uma fronteira é uma sobreposição parcial para muitos umbandistas.

Aceitemos que a sobreposição existe. Para muitos de nós, em algum momento da vida ou durante a vida inteira, a consciência religiosa é um *coração de mãe* onde sempre cabe mais um. Não apenas na umbanda e não apenas no afro-brasileiro, onde se veem casos de ogãs trabalhando em cruzadas católicas com o mesmo amor com que participam do batuque no barracão. Se optar é para alguns uma impossível *escolha de Sofia*, aceitemos o motivo, com respeito. Se porém o motivo de outros for achar constrangedor fazer umbanda, por que motivo então fazer?

O tamanho do perigo

Pesquisas elaboradas ao redor de 1990 apontavam para um crescimento do afro-brasileiro no país; ora, dez anos depois, outra pesquisa do IBGE aponta para uma míngua dos efetivos destas correntes. Os números impressionam: 20% menos pessoas se declararam pertencentes a alguma religião afro-brasileira.

---

[40] Essa informação específica está em RIOS e MATTOS, 2005.

O diário carioca *O Globo*, em janeiro de 2005, publicou uma análise[41] em que se computavam, entre outros sintomas, um menor número de sambas-enredo no período trazendo a citada temática, e um menor número de políticos eleitos que declaradamente seguissem religiões afro-brasileiras. Como causas do declínio, além da urbanização que empurraria os terreiros para mais longe, menciona a combatividade dos pastores evangélicos, que além de *chutar santas* na televisão, têm por missão declarada fechar o maior número possível de terreiros. Para não falar dos excessos de agressividade bem conhecidos e até denunciados em delegacias, e já tendo mencionado outras práticas evangélicas aqui, acrescentamos que, para tentar fechar templos alheios, umbandistas ou não, a palavra "impossível" não parece existir; testemunhamos uma tentativa de aliciar um sacerdote católico na porta da igreja onde servia, e ouvimos histórias de pajés e pais de santo que também receberam educadas e insistentes *visitas*.

O artigo e várias fontes citam ainda a falta de comunicação de massa própria a esses cultos, para a qual não parece haver solução vislumbrada. Não há redes de televisão, anúncios ao alto-falante, nem uma atitude invasiva de templos alheios, pacífica ou não. E, de modo geral, os adeptos não considerariam desejáveis tais práticas, nem as mais pacíficas. Dizem que *o candomblé não convida ninguém*[42] e a umbanda também não. Aparece quem quer, só se cobra presença dos filhos de branco.

---

[41] *Umbanda e candomblé estão encolhendo no país*, 01-01-05, Chico Otávio e Toni Marques, *O Globo*.

[42] Ou: *o candomblé não bate na porta de ninguém*.

Reginaldo Prandi[43] atribui à umbanda este declínio do conjunto e todos conhecemos casos de umbandistas que passaram para alguma igreja pentecostal. Embora também vejamos casos de umbandistas que de lá retornaram, por enquanto têm a palavra as estatísticas. Prandi afirma também que, dentro do conjunto afro-brasileiro, o candomblé cresceu em detrimento da umbanda, que perdeu membros também para a religião irmã. *Vim da umbanda a pé*, declaram algumas mães de santo do queto ou da angola. Embora também se conheçam pais de santo do candomblé que mudaram de linha e abriram casa de umbanda cardecista, não se trata de brigar com as estatísticas. Trata-se de analisar os aspectos do fenômeno por outros lados.

O declínio dos números na prática

Uma consequência para a prática umbandista é que à migração para o candomblé pode ser atribuído o número crescente de casas de candomblé com dias dedicados à umbanda sob alguma forma, fato já mencionado aqui. Só nos resta esperar que essa prática se faça com o mesmo respeito e cuidado dados à cerimônia de candomblé, carro-chefe da casa. Parece haver uma clara incompatibilidade quanto a isso na prática, quando não na intenção. Como o candomblé não trabalha com o que chama de *eguns*, é difícil crer que dirigentes candomblecistas, mormente quando sucedem àquelas ou àqueles que chegaram da umbanda, dariam o mesmo carinho e fundamento na gira de umbanda que esta gira te-

[43] PRANDI, 2004.

fraquezas e forças 113

ria em casa umbandista. Tenderão a ser então giras de Exu, em que os guias são chamados *catiços*, e entre os mais tradicionalistas na religião irmã, muitos, velhos ou novos, lamentam ver *hoje em dia até Pombagira no candomblé*. Talvez inevitáveis, até agora incontroláveis, essas práticas podem estar corroendo os fundamentos de ambos os cultos.

Outro aspecto que merece reflexão, ligado não a essa migração de certa forma interna, mas ao declínio em termos absolutos que sofreu a fatia afro-brasileira em relação a outros cultos, seria o menor número de políticos eleitos e menor número de sambas-enredo que tivessem ligação com o mundo da arruda e do axé. Será que fazemos questão de eleger políticos por causa de sua religião? Esta é uma prática que criticamos quando vemos votar os evangélicos. Lembremos, para ficar num exemplo óbvio, da relação de apoio entre certos políticos baianos e muitos terreiros de candomblé: será isto realmente desejável? Ao mesmo tempo que o político tem todo direito de seguir uma religião, será que, na hora de angariar votos, valer-se do que deveria ser sua opção pessoal pode ser recurso de ética? Ou seria melhor escolher candidatos que aparentem querer trabalhar para o bem comum? O quadro político brasileiro já e conturbado e incoerente, e o termo *político* tornou-se quase uma ofensa. Será que deveríamos querer nos misturar a isso?

O panorama das escolas de samba traz, minimamente distorcido, o reflexo do que está errado na política: jogo de influências, briga de egos, corrupção, mamatas, ameaças e crimes, por baixo do brilho e da purpurina. Deveríamos sinceramente lamentar quando não ouvimos falar de orixás na passarela? Será que eles não estão muito acima de ver os seus nomes impressos em abanos com propaganda de cerveja?

Havia uma tradição segundo a qual samba-enredo falando de orixá não ganhava carnaval. Ganhando ou não, a questão é que uma homenagem dessas, por bela que seja a melodia, e hoje todas são quase iguais, é extremamente relativa. Um samba-enredo hoje em dia é só mais um samba--enredo, num carnaval cada vez mais longe das raízes que afinal unem estreitamente o samba[44] à umbanda. E não cremos que o sambista que não falou de orixá tenha necessariamente ido para a Assembleia de Deus, ou não estaria mais compondo sambas.

Onde está o maior inimigo?

Geralmente, o pastor evangélico veste muito bem a capa de vilão nesse declínio dos números. Ele é raivoso em suas estratégias, chuta santos, invade Centros, aparece por vezes no jornal envolvido em corrupções e outros crimes, que vão de assassinato a destruição do patrimônio artístico,[45] e até o mais cordato deles nos tem em grande desprezo, ofendendo-nos da pilastra pichada de viaduto à prédica vibrante no templo.

O seu eleitorado maior porém, país afora, não lê os jornais nem assiste aos canais de televisão em que seus desmandos são mencionados. Alguns templos nem permitem assistir a

---

[44] Como se sabe, o termo banto *semba*, ou *samba*, designava as mulheres do terreiro que cantavam e dançavam para espairecer entre as funções. Por isso é que ao falar do ritmo dizemos *o samba*, no masculino, para eterna surpresa dos estrangeiros que desconhecem a figura *das sambas*.

[45] Em outubro de 2007, no RS, um pastor da Igreja Universal queimou duas imagens do século XVI esculpidas nas Missões pelos índios Guarani e tombadas. Alegou desconhecer o tombamento mas confessou queimar sempre imagens para *tirar o demônio*.

televisão alguma, apenas ouvir rádio, rádio evangélica, claro está. O que fica para essas pessoas não são os chutes e depredações, que julgam merecidos se deles ouvem falar, nem as corrupções de que deixam de tomar ciência, e que negariam se tomassem, já que, quando leem jornal, leem a folha evangélica. O que fica é um discurso pregando o bom exemplo e uma prática semissocial intensa, com rodas de oração, onde se tecem amizades e se tem a sensação de intervir no cotidiano. O que fica é o parente alcoólatra que deixou de beber.

Os orixás do lago Paranoá

Em meados de 2007, a Praça dos Orixás, à beira do lago Paranoá, em Brasília, sofreu ação de vândalos. Foram depredadas as 16 estátuas de orixás que formam um conjunto assinado pelo artista baiano Tatti Moreno, inaugurado em 2000.

Algumas foram tombadas dos pedestais, outras entortadas, a de Iemanjá foi decapitada e incendiada.

O artista levou as imagens de volta a fim de recuperá-las e a de Iemanjá deverá ser instalada no centro do lago.

Os membros analfabetos são instados a aprender a ler para poder ler a Bíblia. O texto bíblico é discutido — dentro da ótica evangélica, mas discutido — e o resultado se comprova em salas de espera de aeroportos ou bancos de coletivos, onde haja dois jovens evangélicos reunidos, citando capítulos e versículos e argumentando um com o outro em excelente português. Trata-se de uma elite intelectual?

Pode ser; decerto essas duplas de jovens não representam a massa desinformada do que acontece na atualidade. Mas formam então uma elite pé no chão, que batalha, trabalha, pega ônibus, fala ao celular com clientes dizendo que está chegando, e que não está, pelo menos naquele instante, preocupada em converter ninguém, mantendo a conversa num nível de voz educado, conversando pelo prazer.

Por que não oferecemos nada equivalente? Por que não há na umbanda uma cultura do estudo e principalmente do raciocínio analítico?

Voltemos às mães de santo *de poste*. Tão denegridas, ao ponto de serem consideradas as piores inimigas da limpeza urbana, o que parece exagerado senão ridículo, certamente oferecem uma má imagem dos cultos afro-brasileiros — sim, porque ninguém sabe se têm formação de umbanda, candomblé ou mista. Sem lembrar nessa hora das pichações das pilastras, todos as acusam de enfear a cidade. Será que poste é tão mais bonito do que pilastra? E será esse o seu maior pecado?

Não sustenta a análise a alegação de que papéis colados em poste, uma tradição antiga de quem não pode gastar com publicidade, possam enfear o espaço urbano mais do que propagandas tapando fachadas tombadas, automóveis estacionando em calçadas de pedra portuguesa, árvores cortadas para um prédio subir e supostamente replantadas onde ninguém irá ver, e outras façanhas do mesmo naipe. De apontadores do jogo do bicho a professores de guitarra e violão, muitos outros usam os postes e ninguém reclama de sujeira. Sem dúvida essas senhoras canalizaram uma onda de irritação de praticantes e não praticantes de cultos afro-brasileiros, provocada pela peremptória promessa de que *trago o seu amor em três dias* e a suspeitíssima declaração de que *não cobro trabalho*.

Além de oferecer aos não praticantes oportunidade para uma onda de piadas que respinga sobre todos nós, esse tipo de pensamento se nutre da fraqueza alheia, da crença de alguns em que o ser que se foi é insubstituível e que seria bom para ambos se ele voltasse. Mantém amarrada ao seu próprio passado, sem espaço mental de crescer, à criatura que lê e acredita; em suma, fomenta o vício. Reduz um conjunto de preceitos e conhecimentos a simpatias para amarrar — por quantos dias? — uma pessoa a outra.

Muito pior é quando no papel vem impresso (e acontece de lermos esse tipo de anúncio também em determinados jornais esotéricos) que a mãe Fulana *faz e desfaz qualquer trabalho ou trabalha em qualquer linha*; ou seja, a mãe Fulana trabalha com magia negra, mas se peja de dizê-lo claramente.

Não parece que a "sujeira" referida por público e autoridades seja efetivamente visual.

Mas há aqueles e aquelas que não se pejam de dizer o que fazem e se valem de faixas estendidas no jardim da casa. Em novembro de 2006, denunciou-se o caso de uma pessoa que proclamava a sua especialidade em letras garrafais e nos termos que seguem: "Feitiçaria, magia, vudu. Se alguém lhe incomoda (sic), destrua; FAZ-SE LIMPEZA DE FIM DE ANO".

Vudu, até onde nos constava, era proibido no território nacional. Não é surpreendente que alguns pratiquem mesmo assim; surpreendente é ver proclamado o ilegal. Da mesma forma, as leis não permitem fazer publicidade com a morte alheia. Sem dúvida, os pistoleiros de aluguel muito lamentam, mas ainda é assim. Se pistoleiros e mandantes não podem tornar público o que fazem às escondidas, se são em tese, pelo menos, punidos ao serem descobertos, por que razão escusa a faixa estava estendida em rua nobre de bairro próximo do Centro do Rio de Janeiro? Quantas mãos se molharam? Ou será que os representantes do poder público tiveram medo do vudu? Pior: será que costumam usar os serviços? Fatos como estes demonstram que os conceitos de *limpeza* e *sujeira* são mais elásticos do que se pensaria. Dão argumentos aos pastores, que decerto não precisavam deles para nos agredir; promovem a cultura da burrice, do medo e da anticidadania; e fazem mais mal à umbanda e ao candomblé do que qualquer migração. Se isto for sinônimo de culto afro-brasileiro, pessoas de bem mudarão o nome do que praticam.

Mais ativamente, será preciso pensar na forma de defender os cultos afro-brasileiros, para um dia não termos de passar por dizeres — e fazeres — desta natureza. Pessoas assim dão razão àqueles guardas que, por volta de 1930,[46] levavam o praticante para fazer exame de sanidade mental. Acabarão, talvez, por promover uma trégua inesperada entre inimigos. Sim, pois, na hipótese de algum pastor circular um abaixo-assinado contra a faixa e quem a pendurou, não poucos praticantes de umbanda e outros cultos assinariam.

Por absurdos que sejam, exemplos como o das mães de santo *de poste* não são os piores inimigos da umbanda em particular, nem dos cultos afro-brasileiros em geral.[47]

O pior inimigo da umbanda não são os ogãs do candomblé dentro das giras, nem a migração das mães de santo para os barracões e nem mesmo os agressivos evangélicos. Não é, muito menos, a "armadilha" que viu Prandi nos seus funda-

---

[46] Os mais velhos que viveram tanto o tempo de Washington Luiz quanto os governos Vargas parecem ter achado mais fácil conviver com estes últimos, apesar do decreto-lei repressor de 1941.

[47] Mais uma vez lembremos que não se sabe de que tradição vêm.

mentos.[48] Menos ainda, a escassez de sambas-enredo com nomes de orixá.

Cremos que o pior inimigo seja interno e comum aos cultos afro-brasileiros; o nosso pior defeito coletivo é intrínseco a muitas práticas e nos leva a procurar sempre um culpado para as nossas desventuras. A esse culpado, segundo as xiitas *mães de santo da faixa*, que cristalizam nossa tendência negativa, se destrua!

Se minguamos no mapa, temos de ver por um lado que as coisas se transformam no mundo continuamente. Quem haveria de dizer que o culto de Mitra se extinguiria, que a sua festa seria encampada pelo cristianismo e se tornaria o dia de Natal? Que o culto aos deuses maias, egípcios, celtas deixaria de existir?

E por outro prisma, vejamos a parte de culpa que nos cabe. Não se trata de atacar o *africanismo*. Pôr a culpa no outro é uma reação infantil e universal. O velhinho de classe média-alta e previsivelmente branco culpa a *miscigenação* pelas filas que aguenta. Mas, se os umbandistas queremos permanecer no panorama das religiões, precisamos evoluir, para não nos vermos em algumas décadas polarizados entre os trogloditas, como o autor da faixa, e as ovelhas do pastor, com talvez alguma bruxa colhendo folha no mato e dando as costas para ambos.

Se nos mantivermos indulgentes ou coniventes com práticas extremas como a que foi mencionada, se permitirmos guerra de influência e ameaças nos terreiros; se incentivarmos os que se encontram aflitos a tentar progredir tirando do caminho o genro, o inquilino, a mulher do amante ou o

---

[48] "A Umbanda se imaginou como religião ética mas criou para si uma armadilha: separou o campo do bem do campo do mal." PRANDI, 2004.

amante da mulher, pondo a culpa de tudo que lhes acontece nos seus desafetos; se trabalharmos com velas acesas no preceito e sombras no coração, com roupas brancas maravilhosas e a boca maledicente; se, em suma, não procurarmos corrigir primeiro e sempre o primeiro inimigo de cada um de nós que somos nós mesmos, minguaremos mais e mais. E não faremos falta nenhuma.

Em vez de lhe dar argumentos, não se ponha a culpa toda nos desmandos e persuasões do pastor: quem abandona a religião que seguia porque lhe vieram dizer que é a boca do Inferno, nunca pertenceu de coração a ela. Olhemos para dentro e não para fora: de que vale entoar que a *umbanda é paz e amor* e passar a gira demandando para fechar o caminho alheio, pensando que assim abrimos o nosso? Não são apenas as *coroas* da mediunidade que devemos trabalhar, é toda a mente, deixá-la aberta para que possa crescer. Preceito é para ser respeitado, mas de que serve respeitar o preceito e desrespeitar o próximo e a inteligência do próximo? Muitas casas, muitos zeladores, médiuns e cambonos só merecem elogios. No conjunto, porém, precisamos de alguma autocrítica. Que ela possa ser feita!

E que todos os que trabalham por uma cultura de paz possam, ainda que em espírito, dar as mãos.

Enfraquecendo a força: servindo ao poder público

Um aspecto pouco lembrado é a especialidade de alguns umbandistas, cuja competência não se discute aqui, em não apenas prever o tempo mas afastar nuvens de chuva para favorecer políticos. No Rio de Janeiro, existiu durante anos uma "parceria" entre determinada fundação e determinado governante.

Ora, quiséramos nós ver médiuns da umbanda e de toda linha imaginável ajudando o poder público nas investigações, na hora de encontrar acidentados, desaparecidos e sequestrados, adultos ou crianças, como já ocorre em alguns lugares fora do Brasil, de modo ainda incipiente. De preferência, sem vínculo empregatício algum.

Ou, ainda, ajudando nas previsões de tempo e trazendo chuvas na seca. Não se pode aceitar, contudo, que o vínculo exista a fim de impedir que a chuva, que deve cair, caia naturalmente. Muito menos se isto ocorrer não em situação de calamidade pública, como enchentes, mas porque o governante não deseja que temporais atrapalhem o Carnaval.

Não se brinca impunemente com os Elementos. Não se rejeita o dom da Água, quando vem naturalmente, para não vê-la faltar-nos depois. Ainda mais carregando nome de entidades umbandistas ligadas à Natureza. Não se falta com o respeito à essência da magia.

O que estamos vendo aí é uma grande força servindo à pequenez.

A força da vibração

No aqui e agora, digam os censos o que digam, a umbanda cumpre mais de uma função.

Numa sociedade plurirracial e pluricultural como a nossa, por mais que a televisão procure massificar o pensamento para sintonizar todos nas promoções e liquidações dos patrocinadores, nas azarações e separações dos artistas, numa sociedade onde ainda gritam alto as almas diversas que em partos sangrentos nos fizeram nação, a vibração da umbanda tem seu lugar.

Representamos a miscigenação brasileira. Étnica, em tempos em que cai por terra o conceito de raças. Nos guias indígenas, negros e caboclos, morenos da cor brasileira, replicados nos múltiplos tons de pele de filhos de branco e frequentadores.

Miscigenação também cultural e religiosa. Aqui há lugar para todos, até para guias chineses[49] e japoneses. Tudo que é bonito e simples pode florir no jardim da umbanda e aqui Exu Caveira pode até vir em forma de índio.

Representamos também, e isso é força e fraqueza, uma imensa elasticidade. Duas ou três grandes linhas principais e todos os matizes e combinações possíveis de ponta a ponta. Representamos a liberdade de agir religiosamente sem depender de bulas papais ou diretivas nacionais, abrindo casa, trabalhando sozinhos ou às vezes sozinhos dentro da casa. E como se viu anteriormente, essa liberdade nem sempre é bem empregada.

Representamos apoio psicológico para o carente e para o migrante[50] e também oferecemos ao médium que aporta

---

[49] O Povo Chinês da umbanda, mencionado em Molina como abridor e fechador de caminhos, parece ter deixado poucos rastros. A sua presença nos pontos cantados talvez se deva à presença física de chineses de condição muito modesta no Rio de Janeiro, na época do Império, que os trouxe para plantarem aqui a erva-chá *Camellia sinensis*. O seu único ponto hoje é cantado para Tranca-Rua.

[50] XIDIEH, 2004.

do Norte um local para trabalhar *de roupa*[51] onde ele não se sinta de todo estranho.

Representamos o respeito ao pequeno, ao modesto, ao que não é imponente nem está na moda. Nossos pontos cantados muitas vezes trazem pequenos erros de português, que respeitamos para não mudar a métrica. Poucos de nossos guias, quando vivos, sabiam ler. Muitos de nossos médiuns ainda não sabem. E nem por isso a sua força espiritual é menor. Representamos em nossas vestes a beleza da cor branca, que une as demais cores e inclui a sua diversidade. O todo está na parte e a parte no todo, somos holográficos sem conhecermos o termo.

Representamos, e alguns acreditam que seja missão entre as principais, formas tradicionais de magia em que mais uma vez culturas se mesclam, onde há espaço para maracás e atabaques, pajés e patuás. Afinal alguém, numa sociedade mercantilista, precisa saber fazer magia: longa vida ao pajé, à ialorixá e a nós umbandistas.

Que possam se entender melhor, vibrando pelo bem de todos!

Reverenciamos os dois grandes elementos sem os quais não há vida nem civilização, a Água e o Fogo. Mesmo que estejamos longe da cachoeira, disporemos copos d'água no gongá e ao pé dos guias. Acenderemos velas para trazer luz. E reverenciamos a Mãe Terra, que é palco para nossa existência, circulando descalços para sentir seus fluidos. Reverenciamos o ar por onde sobe a fumaça do cachimbo, unindo a Terra ao Céu, por onde cai a chuva, unindo o Céu à Terra.

Sincretismo não é ofensa. Em um mundo que tende ao sincretismo, as raízes sincréticas da umbanda lhe dão poder.

---

[51] Ou seja, de roupa branca.

As artes e as manhas: "pro jongo não se acabar"

A forma de arte diretamente ligada à umbanda é o jongo. Naturalmente há jongueiros católicos e apostólicos, há jongueiros do candomblé, e poderá haver jongueiros sem religião. Essa abrangência é característica da umbanda.

Mestre Darcy da Serrinha, filho e irmão de mães de santo, trouxe visibilidade para uma tradição que era pouco valorizada e que se apagava com a modernização. Precisou levar o Jongo da Serrinha, inclusive os pontos criados por essas Mães, para o asfalto e o palco, o que teve um preço. Mas a sua ação permite que hoje os grupos de jongo que ainda não se haviam apagado[52] se reúnam e atraiam público, que os jongueiros velhos tenham encontrado discípulos e que garotos de seis anos executem o *tabeado*[53] com maestria. Hoje há pesquisadores da força do jongo, discos e livros, viagens de grupos jongueiros e também outras para vê-los e cantar com eles.

O jongo, que chegou com os escravos bantos, se espalha de São Paulo ao Espírito Santo, passando pelo Rio de Janeiro e por Minas Gerais. Cristalizou-se na época em que não havia distinção clara entre umbanda, candomblé e quimbanda. Ou em que esta distinção era totalmente inexistente. Folguedo e feitiçaria ao mesmo tempo, profano e sagrado, influenciou o samba, que tem por seu *neto*.

---

[52] Como, por exemplo, e até prova em contrário, o do Vale das Videiras na Serra das Araras, onde existiu um quilombo desbaratado por Floriano Peixoto, que ainda não havia partido para massacrar a população civil da hoje Florianópolis. Nas Videiras alguns mais velhos cantaram jongo em sua mocidade, mas nenhum jovem o dança hoje: as diversões são a cachaça, a moto ou o pastor.

[53] De *tábua*. Movimento vertical do pé rígido como se plantasse sementes no chão.

A bananeira que, na Serrinha pelo menos, em cada roda de jongo se plantava à meia-noite é um rito de Exu. Criança não ia no jongo; hoje em todos os lugares elas vão e dançam bem: são o futuro do jongo, afinal. Principalmente hoje, em que gente de outros lugares acorre ao jongo, roda de jongo não é gira de Exu. Mas nas festas de Santo Antônio dos nossos terreiros, um dos pontos fala da *bananeira que eu plantei à meia-noite, e só deu cacho na noite de João*. Segundo os antigos, a bananeira da Serrinha, de tanta magia no ar, já estava frutificando de manhã...

A magia podia tomar o aspecto de demandas, com pontos ditos "de visaria". Sem querer entrar no mérito, percebe-se que alguns locais têm maior propensão às demandas, ainda hoje, e noutros reina maior paz entre jongueiros.

Arte popular são ainda os pontos cantados dos Velhos, dos Boiadeiros ou dos outros guias. Resgatando o passado, muitos pontos, emudecidos ou não, desenham a história do povo; alguns conjuntos permitem até entrever a personalidade de certos guias *do tempo que tiveram corpo*, a especialidade de outros. As alusões ao roseiral de Pai Benedito apontam para uma *passagem* ou no mínimo uma provação de dias dentro do roseiral: *três dias ficou caído/ dentro do roseiral*, diz um deles; Pai Benedito carrega Ossãe e ama toda planta, mais ainda as aroeiras. Tio João é mirongueiro e filho de Omolu, toma conta do Cruzeiro das Almas. Pai Firmino é bruxo e quimbanda.[54]

Preservar suas memórias é prestar uma homenagem àqueles africanos ou filhos de africanos trazidos à força para as lavouras daqui e que nos legaram algumas migalhas do seu conhecimento. É lembrar que a História não se escreve só com datas e guerras, com deputados e senadores.

[54] Ver capítulo *As origens*.

O tesouro da umbanda, além dos pontos e do feitiço de que somos herdeiros, são as folhas e as crianças. Sem elas não poderá haver futuro e, por isso, merecem que as incluamos na parte final.

O futuro: que futuro?

A umbanda no ecumenismo

Se a umbanda deseja paz, um passo natural é estender a mão para os outros e aceitar as mãos estendidas. Não apenas no terreiro, mas no plano ecumênico: uma forma de política não política, talvez.

A participação da umbanda em movimentos ecumênicos ou inter-religiosos, como, no Rio de Janeiro, o MIR (Movimento Inter-religioso, vinculado a outro movimento internacional), parece ao mesmo tempo inócua e indispensável. Inócua, por dois motivos, um externo e o outro não.

Inócua, porque, no que tange ao maior respeito e conhecimento entre tradições, o próprio movimento, como outros semelhantes, é largamente inócuo, não — claro está — por meta ou definição, mas por resultado. Está ausente, no caso específico do MIR carioca, até certo ponto a Igreja Católica, o que já diz tudo num país que insiste em se dizer *o maior país católico do mundo*; é importante frisar que até certo ponto apenas, pois o Outeiro da Glória cede, gentilmente, a passagem e o uso de seus jardins para a realização de preces ecumênicas e festas inter-religiosas. Estão ausentes a maior parte das correntes protestantes, havendo participação efetiva e intensa de algumas correntes *históricas*. Nenhuma corrente pentecostal quis vir sentar-se com o *inimigo*. Estão ausentes a maior parte das correntes judaicas existentes na cidade, com exceção de uma de visão mais abrangente, e o mesmo se pode dizer das pouco numerosas tendências islâmicas, sendo que o sufismo está representado.[55] As tradições representadas são pequenas em relação a essas grandes ausentes, e mesmo assim a Sociedade Taoísta se retirou alguns anos após a fundação.[56]

Ainda assim, não tomando parte quem não deseja tomar parte, os que estão ali vibram sinceramente pela paz no mundo e nos corações. O que deveria levar a um entendimento maior entre as tendências representadas.

Ora, isso não ocorre automática e universalmente.

É muito mais fácil proferir uma oração universal pela paz de mãos dadas com o vizinho do que concordar com o vizinho. Algumas criaturas de luz conseguem ambas as coisas. A maioria sem dúvida tenta honestamente, e alguns outros dizem coisas como o desastrado comentário em vésperas de Natal já citado. Por desastrado e desastroso, ainda assim é interessante saber a real opinião do membro em questão, infinitamente mais útil do que um sorriso hipócrita na boca de uma pessoa mais policiada.

Fatos como este são extremos mas significativos. O representante da corrente religiosa de origem alemã que come-

---

[55] Por uma coincidência impressionante ambas as casas ficam defronte uma à outra.

[56] A proporção de tradições, participantes ou não, pode ter mudado ou estar mudando. O retrato acima é indicativo.

o futuro: que futuro? 129

teu o deslize desapareceu, mas permanece a dúvida: haveria pessoas *mais policiadas* e de igual opinião? Haveria preconceitos similares contra outras correntes religiosas?

Nem por isso, e aí começa o motivo interno, as diferenças se aplainam entre a umbanda e o mundo, ou simplesmente entre umbanda e candomblé. Pois as religiões afro-brasileiras obedecem a determinados preceitos e fundamentos comuns, mas não é fácil falar em seu nome. O terreiro é soberano abaixo dos orixás. Particularmente no caso da umbanda, é muito difícil afirmar (e isto já foi lembrado na introdução) que *Na umbanda não tem isso! Todo mundo na umbanda faz aquilo outro!* Porque, vai ver, haverá um Centro em algum lugar em que não fazem, ou há.

Isso significa que as eventuais diretivas, assim como recomendações e vibrações de boa vontade trazidas do encontro plurirreligioso dificilmente chegarão a todas as casas. Ninguém conhece todas as casas! Por maior que seja um encontro umbandista, haverá sempre muitos zeladores que não foram porque não quiseram ou porque não foram identificados e não receberam convite; o que dirá um encontro misto. Por outro lado, há gente que comparece sem ser chefe de terreiro. Seriam indesejáveis? Como quantificar? (E de que umbanda estamos falando? As linhas não presentes se sentiriam representadas, se nem dentro de uma mesma linha há inteira unidade?)

Entre as casas participantes, ou dentro do círculo endorreligioso do umbandista participante, sim, pode haver alguma influência de eventuais sugestões, e o mesmo vale para o candomblé. A casa ter optado por enviar representante já sugere boa vontade. Dada a particularidade aludida dos cultos afro-brasileiros, o não participar não significa, de forma alguma, automática rejeição a ideais de paz. Há um movimento, *Elos de Axé*, nascido dessas reuniões cariocas,[57] que leva aos terreiros noções de preservação da erva usada, outro que limpa um espaço comum de oferendas e sugere não deixá-lo sujo.

Por louváveis que sejam, não se poderia dizer que atinjam profundamente a totalidade dos praticantes de cultos afro-brasileiros no Rio de Janeiro, que dirá do Brasil. Mas talvez se deva acrescentar: *ainda*. É preciso um começo...

Não precisa ser este o único movimento do tipo. Nem é preciso que um movimento tenha nome e presidente para funcionar. Aliás, não é a primeira iniciativa que visa preservação e conhecimento. É preciso que galhos de moitas não se quebrem por vaidade e burrice. Que quem come manga conheça mangueira, mais ainda se carrega Xangô. Que o matinho anônimo não sirva de cinzeiro, muito menos de estopim. Quem sabe, que deixe de ser anônimo...

Ao mesmo tempo que é — ainda? — bastante inócua, ao mesmo tempo que jamais poderá ser plenamente representativa, a participação da umbanda nesse tipo de movimento é naturalmente indispensável. Assim como esse tipo de movimento, tanto o ecológico como o inter-religioso, também é indispensável.

Pode ser ainda pequeno o alcance; o resultado pode não vir a frutificar como se gostaria, por falhas internas e externas; pode haver outros caminhos igualmente bons ou melhores. Pouco importa; quanto maior o número de iniciativas que promovam a paz e o entendimento entre religiões e fiéis, melhor para todos.

---

[57] Trechos deste outro texto, elaborado pelo MIR, se encontram no Anexo 3.

o futuro: que futuro? 131

O incêndio é grande, todo beija-flor é bem-vindo, até cabendo pouca água em seu bico, até desconhecendo o que faz o outro beija-flor...

Crianças: umbandistas amanhã?

Nos últimos anos se implantou no Rio de Janeiro o ensino religioso nas escolas públicas. Representantes de várias religiões, entre os quais muitos umbandistas e candomblecistas, foram à Assembleia Legislativa manifestar opinião contrária, em vão. Este ensino, como foi concebido, além de ocupar uma das rarefeitas horas de estudo na escola a que o aluno do Estado faz jus, além de drenar mais a folha pública de pagamentos, não é ecumênico nem enfoca a História das Religiões, o que, pelo menos em tese, teria alguma validade. Claramente uma manobra de um governo de orientação evangélica, periga sancionar o preconceito e esquecer que o Estado é laico. Se em 2001 se mencionava a pluralidade religiosa da sociedade, e *o entendimento e o conhecimento do outro*, a prática esqueceu desse princípio norteador ao determinar que alunos evangélicos tenham aula com evangélicos, alunos católicos, com católicos e assim por diante. Não se obriga o aluno a assistir à aula de religião oferecida se não corresponde à sua prática. Ele fica aguardando em sala de estudos e a divisão entre praticantes de X, praticantes de Y e não praticantes se torna oficial no exato local que deveria ajudar cada um deles a não enxergar tal divisão.

Não será surpresa para ninguém, como procuramos já analisar aqui, que umbandistas e praticantes de cultos afro-brasileiros desapareçam no censo escolar. Além dos motivos dados: pertinência a duas religiões, vergonha de dizer a verdade, fatos que favoreceriam declararem-se tais alunos, ou a família declará-los, católicos ou *espíritas*, existe um motivo ainda mais forte no caso das crianças e adolescentes no caso dos cultos afro-brasileiros, e inerente a eles. Estes cultos, embora franqueiem o acesso de cerimônias públicas aos menores de idade e naturalmente os orientem de toda forma se *o santo pede* que se iniciem prematuramente, só consideram realmente membro quem vem por vontade própria, ao invés de acompanhar parentes. É possível que o filho daquela médium, daquela *ekédi*, daquele cambono venha a se interessar e *vista a roupa*, ou *raspe santo*; é de se esperar que pelo menos guarde alguma simpatia em seu coração. Mas nada é menos certo. Catolicismo e protestantismo histórico ou pentecostal, ao contrário, tendem a fazer o possível para fixar a criança desde o berço, buscando evitar que fuja à tradição familiar. Não se trata de julgá-los por isso, mas sim de comparar dois sistemas. Claramente, o ensino religioso, em escola que foi sinônimo de escola laica, foi pensado para o segundo e prejudica o primeiro.

Não são tanto os cultos afro-brasileiros em si que poderão sofrer com isso, haja vista que os participantes estão acostumados a existir à margem do oficial. O que pode ser atingido vai além de um grupo religioso; podem estar sendo lançadas as bases para um cotidiano onde desconfiança e sentimento de afastamento em relação ao vizinho sejam a norma.

Isso num país onde já acontecem conflitos absurdos entre torcedores de clubes. Num mundo onde o ódio é pregado através da tecnologia. Chamar a atenção, na escola, para clivagens religiosas é plantar sementes de problemas futuros cuja dimensão talvez fuja ao controle.

Lições de tolerância e harmonia

Longe dos encontros plurirreligiosos e das cidades grandes, um exemplo harmonioso brotou nas encostas da serra fluminense, e sabemos que há casos semelhantes em lugares muito distantes às vezes. No Quilombo de São José da Serra, além dos rituais umbandistas que ocorrem no Centro, a missa acontece aos domingos: o padre é obrigado a desdobrar-se, celebrando-a em mais de uma localidade; não há sacerdotes fixos para lugares muito pequenos. Com regularidade, celebra-se a missa afro, que busca sua força na tolerância, no conhecimento e na compreensão: ao lado do sacerdote católico fica o ogã tocador de jongo com seu tambor, a mãe de santo e as médiuns mais velhas, todas de branco e com as suas guias. Na capelinha de São José Operário, construída há poucos anos, dormem os atabaques quando não estão em uso, ficam fotografias das mães de santo falecidas. Qualquer cerimônia envolve oferenda de frutas e flores na capela ou no galpão onde missas maiores são rezadas, exatamente como ocorre no terreiro.

As lições de um ensino religioso desses valem a pena serem seguidas. Crianças e jovens que desfrutem desta coexistência pacífica estão aprendendo a respeitar o outro de uma forma natural.

Trabalhando para todos

O umbandista é um cidadão como outro qualquer. E uma das melhores maneiras de trabalhar pela umbanda é trabalhar pela cidadania. Combater a impunidade e o corporativismo como cidadãos, e não apenas como umbandistas, para ajudar a coibir abusos, tanto os praticados por membros do grupo afro-brasileiro, como os cometidos pelo outro lado. Se queremos o respeito pleno dos outros, se queremos que pastores deixem de queimar imagens sacras tombadas, que seus filhos respeitem parques com estátuas de orixás, não podemos deixar telhado de vidro algum. Não podemos compactuar com faixas que preguem destruição, nem com atos equivalentes.

O prejuízo é de todos nós, de qualquer corrente religiosa ou nenhuma; o prejuízo é de nossos filhos que podem seguir outra religião. Ou nenhuma.

Todos criticamos os médicos por seu corporativismo quando algo errado ocorre no hospital. Não sejamos nós também corporativistas. Fez mal à umbanda o silêncio generalizado quando foram divulgados por volta do ano 2000, ou pouco antes, casos de magia negra tanto no Brasil como na Argentina, onde aparentemente chegou o pior do que tínhamos para oferecer, envolvendo sacrifício de crianças por pessoas que se diziam umbandistas.

Mesmo uma tradição como a nossa, onde impera a autonomia, onde cada terreiro é soberano nestas horas, precisa ter voz. O silêncio fala alto. Não se pode impedir que um assassino se declare umbandista, hinduísta ou budista; melhor seria se fosse possível impedir o crime em si. Mas faltou a rejeição pública a uma prática que não é umbandista.

A certeza da impunidade, numa terra em que o conceito de cidadania é mutante e elástico demais para ser sólido, permitiu pendurar faixas apregoando destruição por encomenda, permitiu queimar imagens e invadir terreiros. Desejar o fim da impunidade pode acarretar punição para

o futuro: que futuro? 135

faltosos que se declarem nossos irmãos. Mas se houve crime, a repressão deve atingir da mesma forma a todos que o cometem. Descobrir que não se pode trabalhar com dois pesos e duas medidas dói e faz parte de qualquer processo de crescimento.

Não temos a intenção de sugerir que a cidadania passe sempre pela repressão.

Em 2007, alguns artistas propuseram aos moradores da Cruzada São Sebastião, no bairro carioca do Leblon, pintar painéis representando 20 brasileiros ilustres, no intuito de celebrar a paz. A escolha dos homenageados ficava por conta dos moradores, que optaram por incluir tanto a Princesa Isabel do Treze de Maio quanto Zumbi dos Palmares do 20 de novembro, numa resolução informal da polêmica em curso.

Não há como citar todos os exemplos e nem há como prever com exatidão o futuro. Essencial é fazer sempre o mais correto, não apenas em termos de preceito mas de ética, em todos os momentos. Não nos cabe ter todas as respostas. Não nos cabe ditar as regras para o universo.

O que é correto fazer, sendo feito, tem muita força. Não nos cabe adivinhar para onde exatamente irá essa força; basta saber que irá para o melhor lugar possível no universo em nível micro e macro, e não nos cabe quantificar o que fica para nós nessa vida ou na outra, o que fica para o globo terrestre ou para as Almas. O correto por si só possui vibração, e de vibração correta a Terra está carecida. A Terra, os bichos e as folhas.

Nós pedimos proteção às folhas; saibamos defendê-las.

Epílogo

Era uma vez um índio. Um não; muitas nações indígenas, cada qual com sua forma de culto. E nas terras deles havia muita violência. Era uma vez um negro. Um não; muitas nações, cada qual com sua forma de culto. E nas terras deles havia muita violência. Era uma vez um europeu, muitos europeus, cruzando os mares. E nas terras deles havia muitíssima violência. Era difícil acontecer de outro jeito: o encontro das três raças se deu em meio à violência. Muitos dos frutos desse encontro forçado tinham gosto amargo. Alguns traziam um sabor mais doce.

Hoje, um dos frutos, a umbanda, cresceu e se firmou como a mais conhecida das religiões nascidas no Brasil dessa fusão. Que ela e as suas irmãs, o catimbó, a jurema de caboclo, a encantaria, possam ensinar tolerância e compreensão entre os seres humanos.

Que saibamos valorizar a diversidade que existe em nós e entre nós, respeitar a diferença alheia, e que o caminho nos dias de hoje se faça pela paz.

Salve o dia de hoje!

# Anexo 1.
Pautas de pontos cantados

A falta de pautas deixa silenciosos os pontos que o leitor desconhece, ao descobrir uma obra que os mencione. Assim, as mais preciosas coleções de pontos permanecem, consabidamente, mudas para todos os que não sabem as melodias. Sem dúvida, ler pauta é uma arte que poucos dominam; em compensação, sempre se acha quem a domine pelo mundo afora: é o latim da música, a denominação científica das folhas do tronco formoso das canções.

A pesquisa em andamento devolveu a voz a mais de vinte pontos achados em Molina, e um esforço paralelo pautou a melodia de oito, dos quais alguns se encontravam no trabalho de Molina e outros não.

Esses oito pontos, apresentados a seguir, são: *Pemba* (ponto de Exu); *Omi, omi* (saudação à Água); *Mano meu* (ponto de Boiadeiro); três pontos de Pai Benedito e dois pontos de Baiano.

140 umbanda gira!

Pemba

♩=90

San-toAn-tô-nio de pem-ba. Se-gu-rao ter-rei-iro Se-gu-rao gon-gá!

Eu sou fi-lha de pem-ba'eu não pos-so ca-ir, eu não pos-so fi-car!

Ói co-mo cla-re-ou, pem-ba, co-mo cla-re-ou, pem-ba, co-mo cla-re-ou,

San-toAn-tô-nio de pem-ba, co-mo cla-re-ou. Ói co-mo cla-re-ou, pem-ba,

ói co-mo cla-re-ou, pemba, ói co-mo cla-re-ou, San-toAn-tô-nio de pemba, co-mo cla-re-ou.

Omi, omi

♩=69

O-mi, o-mi, sa-ra-vá maior, o-mi, o-mi, sa-ra-vá maior.

O-mi, o-mi sa-ra-vá mai-or, o-mi, o-mi, sa-ra-vá mai-or.

Mano meu

Ma-no meu, ma-no meu on-de'es-tás que não res-pon-des? Ai, ma-no meu, eu nun-ca fiz mal'a nin-guém! Ai, ma-no meu, só tra-ba-lho pa-ra'o bem!

Meu pai Benedito

Meu Pai Be-ne-di-to na li-nha de Zam-be tam-bém sabe lêêê - - - - ê!___ Mo-cam-boé bom tam-bém sa-be ler, Mo-cam-boé bom tam-bém sa-be ler.

Nessa mata tem folha

Nes-sa ma-ta tem fo‌lha, tem ro-sá-rio de Nos-sa Se-nho-ra. Tem a-ro-ei-ra de São Be-ne-di-to'o-ra São Be-ne-di-to que nos va-lha nes-sa ho-ra!

142 umbanda gira!

Pai Benedito é preto

♩ = 69

Pai Be-ne-di-to'é pre-to sinhá do-na'e-le mo-ra no ro-sei-ral.

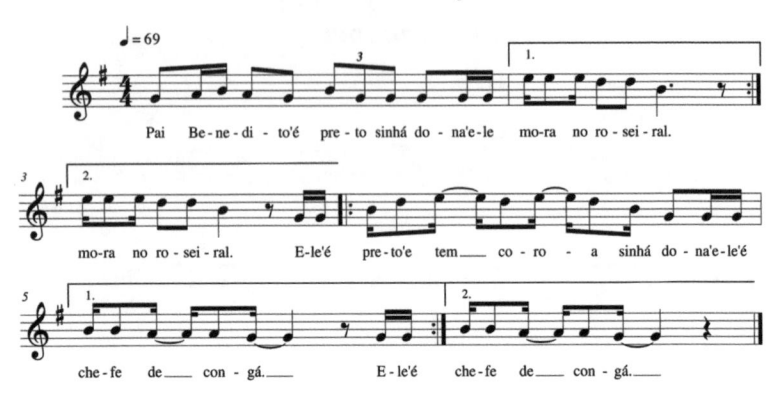

mo-ra no ro-sei-ral. E-le'é pre-to'e tem co-ro-a sinhá do-na'e-le'é

che-fe de con-gá. E-le'é che-fe de con-gá.

Orobô

♩ = 100

Na Ba-hi-a ô, que tem o o-ro-bi, que tem o o-ro-bô!

Na Ba-hi-a ô, que tem o o-ro-bi, que tem o o-ro-bô! Oi, que

tem o o-ro-bi, oi, que tem o o-ro-bô, pi-men-ta da cos-ta, ma-cum-ba iô-iô

O barquinho

parlando (falando) ♩ = 106

O bar-qui-nho-de São Sal-va-dor sa-iu da Ba-hi-a tão car-re-ga-do!

Trou-xe cra-vo, trou-xe ro-sa e'a ve-lha ba-ia-na que vi-nha do la-do!

Anexo 2
Íntegra da mensagem recebida e encaminhada pelo Movimento Inter-religioso (MIR) do Rio de Janeiro em outubro de 2007

Como foi dito, a ortografia e a gramática são de responsabilidade de quem redigiu e não de quem recebeu, e estão tais e quais no site da Câmara Muncipal do Rio de Janeiro.

Prezados companheiros,

O vereador Eliomar Coelho (PSOL), obteve uma vitória parcial contra a intolerância religiosa no Rio de Janeiro. Conseguiu adiar por uma sessão a votação do Projeto de Lei da vereadora Liliam Sá (PR) (PL 1153/2007) que pretende alterar o nome da Estrada dos Caboclos, situada no bairro de Campo Grande, para a denominação da "Estrada dos Batistas". O PL 1153/07 poderá retornar ao Plenário da Câmara Municipal amanhã DIA 03.10.2007. A justificativa, formulada por essa vereadora, expressa uma prática de intolerância religiosa e estimula a discriminação contra as religiões afrobrasileiras conforme é observado na transcrição da justificativa do seu projeto:

"Os batistas um é povo que veio de longe, com muitos nomes, de muitas perseguições de muitas lutas porém construindo uma

144 umbanda gira!

bela história de fé, de doutrinas e princípios. Um dos princípios que eles mais prezam é o da liberdade religiosa de modo que aceitam Jesus Cristo como único salvador.

Além disso realizam um grande trabalho social e espiritual Junto a população do município do Rio de Janeiro, levando as pessoas a conhecerem uma vida melhor com mais esperança, paz e alegria, como também elevando a auto-estima, tornando assim a vida de seus fiéis mais salutar.

Por esse grandioso trabalho que a Igreja Batista vem realizando não só junto a população carioca como a população de todo Brasil, peço aos meus pares o apoio junto a aprovação dessa matéria."

Convocamos a todos que são a favor da liberdade e diversidade religiosa, a enviar e-mails manifestando posição contra o PL 1153/2007, para a Vereadora Liliam Sá (PR) no seguinte endereço: liliamsa@camara.rj.gov.

Anexo 3
Letra do hino umbandista com o prólogo.

Surgiu no jardim mais uma flor
é o progresso trazendo paz e amor
Viva Umbanda independente que surgiu
e vai crescendo por esse imenso Brasil
Bandeira branca de Oxalá, força do além,
mãe caridosa que a todos deseja o bem
Mas sempre vinde, Umbanda querida,
doçura da vida para aqueles que não têm (bis)
Refletiu a luz divina em todo seu esplendor
Vem do reino de Oxalá, onde há paz e amor
Luz que refletiu na terra, luz que refletiu no mar
luz que veio de Aruanda, para nos iluminar
A Umbanda é paz e amor, é um brilho cheio de luz,
é a força que nos dá vida e a grandeza nos conduz,
Avante, filhos de fé, como a nossa lei não há
levamos ao mundo inteiro a bandeira de Oxalá (bis).

Anexo 4
Trechos do documento *Elos de Axé — Natureza Viva* implantado pelo MIR carioca

(...)
AXÉ É NATUREZA. O povo do Santo louva seus Orixás nos espaços sagrados do meio ambiente, pois sem água, folhas e raízes não se cultua Orixá.

Urge, portanto uma tomada de atitude: Irmãos umbandistas, candomblecistas e de religiões que cultuam a natureza juntam-se ao movimento do mundo pela preservação do meio ambiente e, principalmente, pela sobrevivência de suas práticas ancestrais dentro de um contexto de respeito e preservação do meio ambiente.

Os órgãos do poder público fazem o papel do Estado coibindo nossas ações religiosas por entendê-las como agente agressor da natureza.

Precisamos conhecer nossos direitos constitucionais e os deveres contidos na legislação ambiental.

É responsabilidade dos zeladores das Casas de Santo e Terreiros das religiões de matriz afro-brasileira instruir seus filhos e clientes a adotarem uma postura respeitosa com nossas florestas, rios, cachoeiras, mares e lagoas. Nossas cantigas falam disto.

Precisamos nos organizar para colocar em prática todos estes ensinamentos fazendo Cursos de Agentes Ambientais Para Casas de Santo e Terreiros das religiões de matriz afro-brasileira, elaborando cartilhas, vídeos, entre outros. Existem várias experiências de sucesso nesse sentido.

Podemos estabelecer um diálogo conciliador com entidades governamentais na medida em que tenhamos a oportunidade de mostrar com a nossa prática explicitamente o contrário: nada de vasilhames, cacos, velas queimando árvores, dejetos no caminho das nossas fontes energéticas.

Vamos exercer a prática da cidadania participativa, visto que a nossa religiosidade é estruturalmente comunitária.

O Orixá gosta da natureza para se manifestar com plenitude.

Quem ama o Orixá, ama a natureza.

Faça com que sua Casa/Terreiro seja um elo nesta corrente de Axé.

Participe da Campanha "Elos de Axé — Natureza Viva"

(...)

Os primeiros parceiros incluem mais de vinte casas de umbanda e várias de candomblé, além da Confederação Nacional de Umbanda e o Clube dos Ogãs.

Anexo 5
Sincretismo da língua

Quando há influência na umbanda de idiomas africanos, esta, como se sabe, pode ser banta ou nagô (iorubá), raramente jeje.

Quando é banta, pode ter origens diversas, por não ser o que chamamos por praticidade "o banto" um idioma, e sim um grupo de idiomas aparentados, os quais por sua vez podem possuir dialetos.

Por exemplo, para "dinheiro" os guias e muitos fiéis costumam se referir ao *zimbro* ou ao *bango*. A primeira palavra é de origem quimbunda e a segunda, de origem quiconga. Na região de Luanda, *bango* significa *bonito*, e não *dinheiro*.

Ou podem coexistir dois termos, um nagô e o outro banto, como peji e gongá, Oxalá e Zambe.

Apesar de muitos Pretos-Velhos usarem para quase tudo a fórmula *fazê sentador*, ou simplesmente *Sentador!* com os verbos que a situação pedir, para algumas situações há verbos definidos, derivados do banto. Não se diz muito *fazer falador*; diz-se *falar* ou então *gungunar*. Não se diz *fazer comedor*; diz-se *comer* ou então *curiar*.

As expressões *rabo de saia* e *perna de calça*, universais na umbanda, existem na língua comum, mas aparentam terem nascido nos terreiros. Curiosamente, o *homem de branco* é o médico, embora toda expressão que leve *de branco* normalmente se refira às coisas da umbanda.

Índice remissivo

A

África 13, 17, 19, 28, 58, 76, 86, 96, 98, 106
africana 11, 16, 18, 20, 21, 26, 27, 31, 35, 59, 60, 63, 90, 99, 103, 105
africanismo 20, 95, 105, 119
africano 19, 58, 69, 98
água(s) 7, 17, 29, 43, 45, 46, 47, 48, 49, 55, 58, 61, 62, 66, 72, 121, 123, 131, 139, 147
alma(s) 15, 22, 36, 45, 54, 56, 60, 63, 67, 69, 76, 80, 97, 122, 125, 135, 155
analfabetismo 57
analfabeto(s) 33, 34, 115
angoma 17
arruda 20, 83, 85, 86, 87, 102, 113
ateu(s) 93, 94, 103

B

babassuê 19
Baden Powell 19, 50
banguela 98

banto(s) 8, 16, 18, 19, 21, 22, 27, 36, 42, 107, 114, 124, 149, 156, 157
bebida(s) 43, 61, 62, 63, 66, 87
Boiadeiro(s) 24, 32, 60, 125, 137
bwiti 17, 69

C

caboclo(s) 15, 19, 25, 26, 80, 122, 156
Caboclo(s) 19, 22, 24, 25, 32, 33, 44, 45, 50, 51, 53, 56, 58, 59, 60, 71, 77, 101, 102, 107, 143
canto(s) 16, 19, 23, 25, 40, 41, 44, 50, 72, 84
cardecismo 21, 23, 31, 69, 96
cardecista(s) 22, 24, 26, 32, 40, 93, 95, 112
carnaval 72, 73, 74, 75, 76, 121, 114
catimbó 19, 26, 31, 80
catolicismo 13, 48, 76, 94, 110, 132
católico(s) 13, 16, 18, 35, 51, 77, 93, 94, 109, 111, 124, 127, 131, 132, 133

Chico Xavier 84
Cinda 47, 58
Clementina de Jesus 19, 55, 155
corpo limpo 78, 79
criança(s) 33, 36, 43, 44, 45, 65, 121, 126, 132, 134
Criança(s) 25, 32, 43, 44, 45, 60, 61, 62, 63, 64, 65, 66, 67, 77, 125, 131, 133

D

Daime 53
daimistas 93
Debret 86
dendê 24, 73, 96
Dendê da Ilha 103

E

ecumênico 127, 131
ecumenismo 99, 127
eguns 23, 31, 85, 97, 112
Eliphas Levi 88
encantaria 19, 156
erva(s) 9, 17, 19, 20, 40, 50, 53, 56, 69, 78, 79, 80, 81, 83, 84, 86, 87, 88, 89, 90, 91, 92, 103, 122, 130, 157
evangélico(s) 27, 92, 101, 102, 103, 111, 113, 114, 115, 118, 131
Exu(s) 18, 24, 28, 29, 41, 43, 44, 45, 54, 56, 57, 60, 61, 62, 63, 73, 74, 75, 76, 77, 78, 80, 90, 98, 113, 122, 125, 139

F

folha(s) 13, 17, 49, 50, 51, 59, 71, 85, 87, 89, 90, 91, 115, 119, 126, 131, 135, 139, 141, 147

G

guarani 14, 15, 25, 114
guiné 17, 20, 83, 86

I

Iansã 35, 46, 49, 62, 64, 67, 76, 85
Iemanjá 32, 46, 47, 58, 62, 72, 75, 115
Índia 11, 14, 105
indiana 105
índio(s) 13, 14, 107, 114, 122

J

jeje(s) 26, 48, 59, 149
João da Bahiana 19
jongo 17, 18, 97, 124, 125, 133, 155, 156

L

lama 48

M

macaia 89, 90
macumba(s) 18, 19, 101, 103, 104, 105, 157
magia 7, 21, 27, 62, 69, 81, 83, 88, 90, 92, 117, 121, 123, 125
magia negra 27, 28, 29, 117, 134
maracá(s) 14, 19, 25, 123

N

nação 8, 48, 49, 98, 122
Nanã 32, 46, 47, 48, 49, 58, 59, 62
Niterói 22, 25, 105

índice remissivo 153

O

Obaluaiê 36, 48, 49, 62, 68
ogã(s) 18, 37, 38, 40, 41, 42, 53, 54, 97, 107, 110, 118, 133, 148
Ogum 32, 35, 41, 46, 51, 62, 68, 75, 85, 104, 156
Omolu 37, 48, 49, 64, 67, 86, 125
Ossãe 50, 51, 59, 71, 125
Oxalá 19, 32, 59, 61, 62, 69, 78, 94, 99, 145, 149
Oxóssi 19, 32, 35, 50, 51, 58, 59, 62, 71, 85
Oxum 19, 32, 41, 46, 47, 48, 55, 57, 58, 62, 67, 68

P

padê(s) 24, 73, 74
Páscoa 73, 74, 75, 77, 78, 79, 97
pemba(s) 59, 60, 61, 62, 76, 81, 87, 139, 140
pentecostais 93, 102
pentecostal 112, 128, 132
peregum 84, 96
polícia 101, 103, 104
política 12, 113, 127
político(s) 111, 113, 121
Pombagira(s) 32, 60, 79, 102, 113
ponto(s) 9, 10, 12, 15, 16, 18, 19, 22, 23, 29, 41, 42, 43, 44, 45, 46, 47, 51, 53, 54, 55, 56, 57, 58, 59, 60, 61, 62, 64, 72, 73, 76, 83, 84, 86, 91, 100, 116, 122, 123, 124, 125, 126, 127, 139, 155
preconceito(s) 9, 41, 92, 93, 97, 98, 99, 100, 101, 103, 104, 105, 106, 107, 108, 129, 131

Preto(s)-Velho(s) 17, 28, 29, 32, 43, 44, 45, 46, 57, 59, 60, 71, 72, 77, 80, 86, 87, 97, 100, 149, 155, 156

Q

Quequerequequê 19
quilombo 106, 110, 124, 133, 155
quimbanda 21, 27, 29, 48, 124, 125

S

samba(s) 25, 41, 54, 113, 114, 124
Santa Cruz 27, 101
sincretismo 7, 8, 10, 34, 48, 75, 110, 123, 149

T

tabaco 19, 90, 96
tambor 17, 18, 37, 41, 53, 97, 104, 133
Treze de Maio 98, 135

X

Xangô 32, 35, 54, 62, 63, 85, 130

Y

yin-yang 49

Referências

Discos

TEMPLO A CAMINHO DA PAZ. Adorei as Almas. Rio de Janeiro, 2004. 1 CD.
ASSOCIAÇÃO BRASIL MESTIÇO. Jongo do Quilombo da Fazenda São José. Rio de Janeiro, 2004. 1 CD.

Artistas envolvidas no contexto afro-brasileiro, como Clementina de Jesus e Maria Bethânia, também gravaram registros de pontos. A Associação Brasil Mestiço produziu outros CDs de música afro-brasileira litúrgica e profana.

Livros

ALENCASTRO, Luiz Felipe de. *O trato dos viventes: formação do Brasil no Atlântico Sul, séculos XVI e XVII*. São Paulo: Companhia das Letras, 2000.
BITENCOURT, J. M. *No reino dos pretos-velhos*. 5. ed. Rio de Janeiro: Pallas, 1999.

CACCIATORE, Olga Gudolle. *Dicionário de cultos afro-brasileiros.* 3. ed. Rio de Janeiro: Forense Universitária, 1988.

CAMARGO, M. T. L. de A. *Plantas medicinais e de rituais afrobrasileiros.* São Paulo: ALMED, 1988.

CASTRO, Yedda Pessoa de. *Falares africanos na Bahia: um vocabulário afro-brasileiro.* Rio de Janeiro: Academia Brasileira de Letras; Topbooks, 2001.

FIGUEIREDO, Napoleão. *Banhos de cheiro, ariachés e amacis.* Rio de Janeiro: FUNARTE; Instituto Nacional do Folclore, 1983.

GANDRA, Edir. *Jongo da Serrinha, da senzala aos palcos.* Rio de Janeiro: Giorgio Gráfica e Editora; UNI-RIO, 1985.

LOPES, Nei. *Novo dicionário banto do Brasil.* Rio de Janeiro: Pallas, 2003.

MOLINA, N. A. *Na gira dos pretos-velhos.* Rio de Janeiro: Espiritualista, s/d.

NAPOLEÃO, Eduardo e BARROS, José Flávio Pessoa de. *Ewe orisa: uso litúrgico e terapêutico de vegetais.* Rio de Janeiro: Bertrand Brasil, 2000.

OGUM, José Luiz de. *Conselhos de preto-velho na umbanda.* 2. ed. Rio de Janeiro: Pallas, 2006.

PEREIRA, J. C. Medeiros da Silva. *À flor da terra: o cemitério de pretos novos no Rio de Janeiro.* Rio de Janeiro: Garamond, 2007.

PINTO, Altair. *Dicionário da umbanda.* Rio de Janeiro: Eco, s/d.

PRANDI, Reginaldo (org.). *Encantaria brasileira: o livro dos caboclos, mestres e encantados.* Rio de Janeiro: Pallas, 2001.

RIOS, Ana L. e MATTOS, Hebe. *Memórias do cativeiro: família, trabalho e cidadania no pós-abolição.* São Paulo: Civilização Brasileira, 2005.

SILVA, Ornato J. *Iniciação de muzenza nos cultos bantos*. Rio de Janeiro: Pallas, 1998.

SODRÉ, Muniz e LIMA, Luís Filipe. *Um vento sagrado*. Rio de Janeiro: Mauad, 1996.

VARELA, João Sebastião das Chagas. *Ervas sagradas da umbanda*. Rio de Janeiro: Espiritualista, s/d.

Artigos

ISAIA, Artur César. Macumba de branco. *Revista Nossa História*, São Paulo, v. 3, n. 6, pp. 28-32, outubro/2006.

PRANDI, Reginaldo. O Brasil com axé: candomblé e umbanda no mercado religioso. *Estudos Avançados*, São Paulo, v. 18, n. 52, pp. 223-237, set./dez. 2004.

XIDIEH, Oswaldo Elias. A difícil viagem de retorno à aldeia. *Estudos Avançados*, São Paulo, v. 18, n. 52, pp. 239-260, set./dez. 2004.

BRANDÃO, Carlos Rodrigues. Fronteira da fé — alguns sistemas de sentido, crenças e religiões no Brasil de hoje. *Estudos Avançados*, São Paulo, v. 18, n. 52, pp. 261-288, set./dez. 2004.

Este livro foi impresso em janeiro de 2015,
na Impressul, em Jaraguá do Sul.
O papel de miolo é o offset 70g/m2 e o da capa é o cartão 250g/m2.
A família tipográfica utilizada no miolo é a Utopia.